中华人物故事汇

中华先烈人物故事汇

黄振堂

军事科学院解放军党史军史研究中心

学习出版社

中华先烈人物故事汇《董振堂》编委会

主　任：张从田

副主任：陈秋波　曲宝林　陈传刚
　　　　佘　戈

编　委：郭　芳　周　鑫　王　冬
　　　　王　雷　李　涛

主　编：陈秋波

编　著：陈传刚

目 录

Contents

引 子

董振堂，字绍仲。1895 年 12 月 21 日出生在河北省新河县李家庄一个富裕农民家庭。7 岁那年，全家染上霍乱，家境从此衰落。他自己也病得奄奄一息，好在最终逃过一劫。13 岁才上小学，19 岁时以优秀成绩考入冀县中学。1917 年夏，考入保定军官学校预科。毕业后，被分配到边防军第一师炮兵团充当军官候补生，第二年又考入保定军官学校。

1923 年春，董振堂毕业来到冯玉祥的西北军第 11 师当排长。他良好的军事素质、身先士卒的作风深得冯玉祥的赏识，被赞赏为："沙里淘金，越淘越真。"

1924 年直奉战争爆发，董振堂先后擢升为机炮教导大队队长和陆炮营营长。1926 年 1 月，为阻止奉系和直系军阀的联合进攻，董振堂被任命为工兵团团长，构筑起了从南口到居庸关蜿蜒50多公里的坚固防御体系。南口兵败后，董振堂随部退到五原一带休整。眼前的现实使他思想彷徨，异常苦闷。

1926年9月17日，冯玉祥在五原誓师，任国民军联军总司令，董振堂被提升为第12旅旅长。在共产党员、国民军联军政治部副部长刘伯坚的影响下，董振堂的思想和心灵受到了巨大的震撼。

1927年4月底，国民军联军改编为国民革命军第二集团军。5月，董振堂随右路军，东出荆紫关，征河南，战鄂西，势如破竹。董振堂两次主动请战，击溃直系军阀吴佩孚部，并将其收编。董振堂一战成名，被提升为国民革命军第二集团军36师师长。

1930年冬，军阀中原大战结束，第二集团军一部被国民党蒋介石改编为第26路军，董振堂任第25师73旅旅长。这时，蒋介石命令26路军开赴江西"剿匪"，董振堂不愿同红军打仗，心情十分压抑。为了寻找一条救国救民的道路，董振堂多次派人到上海等地寻找刘伯坚、寻找共产党。

1931 年 12 月，董振堂、赵博生等人决定举行起义，连夜派人到苏区红军总部报告。在他们的精心筹划下，12 月 14 日，26 路军 1.7 万多名官兵成功举行了起义。起义后，部队改编为中国工农红军第五军团，董振堂任副总指挥兼 13 军军长。不久，董振堂加入中国共产党，从此走上革命的道路。

1932 年 2 月，董振堂奉命率红五军团协助红三军团攻打赣州，紧接着又随东路军挥师向东。在毛泽东、朱德的正确指挥下，东路军势如破竹，连续打下龙岩、漳州等地，立下赫赫战功。7 月，董振堂率红五军团，在南雄水口阻击粤军，击溃粤军 15 个团，给入赣粤军以重创。红五军团“能打硬仗、打恶仗”的名声由此大振。

1933 年 1 月，在金溪、资溪战役中，董振堂率红五军团在黄狮渡与敌决战。此战中，与董振堂一同组织宁都起义的红五军团参谋长兼 14 军军长、时任红五军团副总指挥、亲密战友赵博生英勇牺牲，让董振堂无限悲痛！

1934年10月，第五次反“围剿”失败，中央红军被迫离开中央革命根据地。中央红军长征一开始，红五军团就担任全军的后卫，肩负着艰巨的掩护任务。中央红军主力北渡金沙江时，董振堂带领红五军团，在石板河一带布防，坚守九天九夜，保证中央和全军胜利渡江，被誉为“铁流后卫”。

1935年6月中旬，中央红军与红四方面军第一次会师后，红五军团改为红5军，董振堂任军长，并随红四方面军长征。在同张国焘逃跑主义路线的斗争中，始终坚持原则、顾全大局，为确保红军内部团结发挥了重要作用。

1936年10月9日，红一、红四方面军在会宁胜利会师。不久，董振堂又随西路军，为“建立河西根据地”“打通国际交通线”，渡过黄河挥师西进。

12月30日，红5军攻占临泽县城。1937年1月1日，董振堂率部一举占领高台。进占高台后，董振堂领导大家宣传党的政策，广泛发动群众，军民情绪十分高涨。正在这时，敌马彪、马禄、韩起功等率2万余众，包围了高台县城。

从1月12日起，马匪军纠集8倍于守城红军的兵力，接连不断地向高台城发起进攻。战斗到最艰难时刻，董振堂召开营以上干部会议，命令大家："坚决守住高台！我们人在高台在，誓与高台共存亡！"

18日，敌人的兵力不断增加，攻势越来越猛，红军将士誓死守卫。危急关头，董振堂带领50多名干部战士庄严宣誓："我们要流尽最后一滴血，战斗到底！"

20日凌晨，敌人再次冲上城墙。战斗中，董振堂左腿中弹，从城墙上摔了下来，他半跪在地上用双手举枪向敌人射击……子弹打完，最后壮烈殉难！

01 不断求索

我要读书

地处中原的河北，历史底蕴深厚，文化博大精深，自古就有“燕赵多有慷慨悲歌之士”的说法，是英雄辈出的地方。位于邢台东北部 120 多公里的新河县有个李家庄，近代以来，因有了一位“英年战死、悲壮千古”的红军高级将领、英雄烈士董振堂而闻名华夏。

昔日的李家庄是一个较大的村子，田地上百顷，人口近 2000，但土地十分贫瘠。春时满目黄沙，秋日四野白碱，十年九灾，非旱即涝。百姓的日子过得像熬硝盐一样艰难。

1895 年 12 月 21 日，董振堂就出生在这里。

他是董家的第二个男孩，哥哥董升堂比他大两岁。

董家是个大家族，人口众多，历代务农，传承着勤俭朴实的好家风。到董振堂祖父时，家里已经开垦了近百亩地，盖了十几间草房。这在当地，生活还算比较殷实。

董振堂的父亲董俊清一生务农，不但长得魁梧，还从小练就了一身好武艺，是李家庄数得上的精明能干人。他不仅地里的庄稼活儿样样做得好，对全家人的生计，特别是对孩子的教育也都喜欢讲个谋划。

董振堂两岁多的时候，母亲又生了第三个男孩，起名董庆堂。父亲董俊清把满怀的希望寄托在他们兄弟三人身上。他经常语重心长地对孩子们说：

“你爹我虽说是个一辈子在土里刨食的庄稼汉子，受尽了苦，遭尽了罪，但不是一个眼光只能触到脚面上的糊涂人。如今，我一不想大富大贵，二不想欺压乡邻，只想着多攒几个钱，供你们兄弟三人上学念书，日后也好成个功名，为咱穷苦百姓做点事，还可以给咱董家扬扬名声，以显父母，光耀祖宗，改换门庭啊！”

天有不测风云，人有旦夕祸福。董振堂 7 岁时，华北连续 3 年大旱，粮食歉收，霍乱流行。董振堂全家 7 口人染上了霍乱，祖父和祖母相继病逝。

董振堂也染上了霍乱，多日昏迷不醒。他凭着顽强的生命力和对生的渴望，最终逃过了霍乱的魔掌，总算活了下来。母亲逢人便说：“振堂这孩子都死过好几回了，多亏阎王爷不要他。”

经历了这场劫难，董家原本殷实的家境从此一日不如一日，还经常遭到邪恶势力的欺凌。

距董振堂家乡李家庄不远的毕家庄，建有一座天主教堂。一些地痞流氓趁机入教，依仗教会势力横行乡里，为非作歹。

董振堂家的麦田和毕家庄的田地相连，每到麦子成熟的时候，毕家庄的教徒总要来抢割麦子。董振堂 10 岁那年，天主教徒又来抢割他家刚刚成熟的麦子，董振堂跟着父亲前去阻拦，却遭到一群教徒的殴打。董俊清虽然有过人的武功，但是好虎架不住群狼，父亲被打成重伤，董振堂也被打得头破血流。

从那以后，董振堂像是一下子长大了似的。他咽不下这口气，鼓动父亲到县衙门状告教徒。由于县令不敢惹洋人，董家也没能打赢这场官司，眼睁睁地看着那些教徒逍遥法外。

为了不再受人欺负，父亲董俊清决定开始教他们三兄弟学武艺。董振堂学武十分刻苦，每天坚持不断地练习，一练就是几小时，有时累得连炕都上不去。

董俊清希望3个孩子都能上学读书，但由于家庭经济能力有限，只能先让哥哥董升堂去读书，留下两个弟弟在家帮忙干农活。董振堂从小很听话，小小年纪就能帮家里割草、放牛、挖野菜，什么都干，非常勤快。

董振堂喜欢读书，哥哥放学回家后，他就求哥哥教他识字、写字、背诗。董振堂记忆力非常好，只要哥哥教他一两遍就能背下来。他学习的兴趣越来越浓，越学越爱学。

有一天，董振堂对父亲说："爹，让我也念书去吧！我一定好好念书，有了本事，别人就不敢欺负我们了。”

在严酷的现实面前，父亲也觉得这是唯一的出路，但家中生活越来越困难，哪有能力供孩子读书啊？父亲为难地说：“现在家中勉强糊口，哪有钱送你去上学啊？等等再说吧。”董振堂听了这话十分失望，他已经 13 岁了，再等就失去上学的机会了。他不甘心，便跑到外祖父家请求帮忙。

外祖父也觉得振堂是个有出息的孩子，不能耽搁。专程来到董振堂家说服女婿。他见到董俊清便说：“俊清，我看振堂这个孩子有出息，别的孩子都不愿意去念书，而他自己主动要念书。既然孩子想念书，那就让他去念吧，有困难我兜着，大不了卖几亩地。”

董俊清见岳父这样说，便同意来年开学时，送董振堂到邻村曹庄初小去读书。

1908 年的一天，一轮火红的太阳，从东方地平线冉冉升起。刹那间，天空布满了瑰丽的朝霞。阵阵晨风吹过，一望无际的青纱帐掀起万顷碧波，直涌到天边，令人心旷神怡。

董振堂熟悉这里的山山水水，一草一木，但

从来没有像今天这样倾心地领略家乡的风光！他沿着一条开满野花的田间小路，走了不大一会儿，就来到了曹庄。

董振堂来到学堂前停了下来，他低头看了看母亲为他做的新布鞋，摸了摸父亲为他精心剃过的头，整了整粗布衣服，壮起胆子，谨慎而恭敬地走了进去。

学堂里的先生姓陈名举，身穿长袍，肩头垂下一根细长的辫子，脸上戴着一副老式眼镜，显得严峻端庄，文质彬彬。他坐在一张木椅上，正在专心致志地批改作业。听见有人进来，他头也不抬地问道："是谁？为何擅自而入？"

董振堂连忙收住步，深深地作了一个揖，低声说：

"先生，是我。我是来……入学的。"

先生这才抬起头来，从头到脚仔细打量着来人。董振堂虽说年龄还小，但个头却比同年的孩子们要高。他衣帽整齐，举止端正，双目有神，搭眼就给人一个聪明、谦恭、敏捷的好印象。

先生用吃惊的口气反问了一句："你来入学？"

董振堂连忙从衣兜里掏出父亲为他凑起来的学费和书费，捧到先生的书案前，十分诚恳地说“先生，这是我爹让我交给您的学费钱！”

“此等大事，你父为何不能前来？”

董振堂见先生突然问起这事，又急又慌，一时竟不知如何回答才好。

先生见董振堂说不出理由，心中大为不悦，冷冰冰地问道：“为子拜师，你父何许人也，岂有不来之理？”

董振堂见先生很不高兴，心里一急，就连忙说道：“我爹是庄稼人，没件出门的衣裳，怕见了先生有失礼节，不敢亲自带我来见先生。我爹说，等日子过得稍好一点儿，一定来拜见先生。今日一早，我爹打发我来上学，他就到庙里去烧香求神保佑我能念书了。”

“噫嘘！农夫难乎！”先生的心软了，摇摇头又问，“你叫什么名字？”

“董振堂。”

“今年多大啦？”

董振堂老老实实地说：“家里很穷，一直没钱念书，耽搁到13岁啦！”

先生把手中一直捏着的毛笔摆在笔架上，摇头道：“13岁入学，太晚了吧……”

董振堂一听，着实慌了，急得泪水在眼眶里直打转，几乎是恳求地说道：“先生，我在家时，白天跟爹下地干活，夜里和哥哥睡在一个屋里，跟着哥哥学了一点儿，能背书，能认字，也能写字……”

先生听到这里，精神为之一振。他身子朝前一倾，多少带着几分惊讶地问：“你读过哪几本书？”

董振堂见先生的态度一下子变好了，亲切了，就大着胆子说：“我跟哥哥读过《三字经》《百家姓》《千家诗》和《岳飞演义》，还从哥哥那里学会了一些诗句……”

先生又把董振堂从头到脚仔仔细细地打量了一遍，脸上浮现出满意的笑容：“既知唐诗宋词，何不诵出一二首来？”

董振堂想了想，拿不定主意，就恭恭敬敬地问道：“先生，你看背哪几首好？”

先生不假思索地说："择你所爱者背来即可！"

董振堂听先生这么说，稍微想了想，就琅琅背出一首诗来：

投笔由来羡虎头，
须教谈笑觅封侯。
胸中浩气凌霄汉，
腰下青萍射斗牛。
英雄自合调羹鼎，
云龙风虎自相投。
功名未遂男儿志，
一在时人笔敝裘。

先生听完，一时想不起董振堂背的这首诗系何人之作，出于何朝何代，竟左右为难起来。他扶了扶几乎把鼻子压得不见了的眼镜，不禁脱口问道："此诗系何人之作？"

董振堂猜不透先生为什么提出了这么一个问题，难道先生连岳飞写的这首诗都不知道吗？要不然就是先生明知故问，有意在考自己呢！……想到这里，他放大胆量，回答道："先生，我刚才背的这首诗，是宋朝的大元帅岳飞在他7岁那一年，用毛笔写在学堂里的墙上的。我一直很喜欢这首诗，还不知背错了没有呢？"

先生既为董振堂的聪明才智而惊讶，也为自己刚才的失言失态而懊悔，他问道："你如此酷爱岳飞之诗，莫非有岳飞之志乎？"

先生这么一问，董振堂倒有点不好意思起来，心里想：奇怪！我一直藏在心里跟爹都没讲过的事儿，先生怎么会知道呢？

先生从董振堂的表情上和眼神里，发现自己的话正说在了董振堂的心上，于是，眼睛里闪出异常兴奋的光彩，侃侃而谈道："古人云：国家兴亡，匹夫有责。岳飞乃名垂青史之爱国民族英烈，一朝绝无仅有之将帅之才也！吾辈臣民皆应以他为师表，为光复我伟大富强之华夏而尽心尽力也！"

董振堂听了先生的话，敬意油然而生。他用崇敬的目光望着先生，说道："先生的话，我记在心里了！我就是想当岳飞，想当文天祥，想当……"

先生连忙纠正董振堂的话道："如何'想

当’？应为‘学’也！”

董振堂连忙给先生又磕了3个头，行了大礼，仍双膝跪地，恳求道：“先生，就是为了学，我才来到这里的！请先生收下我吧！我一定好好求学，不贪玩，不惹事……先生不收下我，我今天就跪在这里不起来……这是我爹送我到村口时一再教我的……”

董振堂这一席还带着孩子气的话，一下子打动了先生的心。先生连忙起身，走到董振堂面前，接过钱，放在书案的一角，连连点头道：

“好！好！好！”

先生见董振堂聪明淳朴，谦恭懂事，立志求学，胸怀大志，心里十分高兴，当即对董振堂说了一番满怀期望的鞭策话，末了问：“可曾有字？”

董振堂望着先生，说：“庄稼人的孩子，都不取字。”

先生听了，微闭上眼，右手两个指头反复地有节奏地捻着几根长须，想了一会儿，便脱口说道：“名振堂，字绍仲！绍，绍复先王之大业的绍；仲，一作伯、仲、叔、季的仲，二作仲裁的仲。

可乎？”

董振堂的学习生活就这样开始了。因为他上学晚，在班上年纪又最大，穿得也比较破旧，常常被富家子弟嘲笑。董振堂毫不在意，以读书为荣，心里感到很自豪。买不起笔墨纸张，他就用麻刷子蘸水，在桌子或石板上练字。没有油灯，他就时常在月光下读书。董振堂天资聪明，又肯发奋，学习成绩在班上很快就名列前茅。后来，他从二年级跳到了四年级。这下，谁也不敢嘲笑他了。

学习之余，董振堂也没放弃练习武术。每天放学之后，他都要先跑到地里帮父亲干一会儿农活。到了晚上，完成作业和温习功课后，就跟着父亲练习武术。功夫不负有心人，加之董振堂聪明过人，体力又强，很快学会并掌握了各种武艺技能。

寻求光明

曹庄学堂为董振堂打开了知识的大门。他一

边劳动，一边如饥似渴地学习，深得先生的赏识和同学们的喜欢。

1910年，15岁的董振堂提前初小毕业，顺利考入高小。就在这一年，受父母之命，董振堂与大他一岁的邻村女子成了亲。妻子名叫贾明玉，聪明贤惠，漂亮能干，是一位能吃苦的刚强女人。她与董振堂恩爱相依，全力支持董振堂和他哥哥的学业；在家辛苦劳作，协助母亲勤俭操持着这个家。董振堂年满19岁时，又以优秀的成绩考入了冀县中学。冀县中学离家100多里，董振堂无暇顾及家里，一门心思放在学习上。在中学的4年时间里，他是全校的尖子生，毕业时获得了“优秀模范”奖。

毕业的那一天，他带着文凭和奖品，高高兴兴地回到家。妻子的心里像抹了蜜似的，满心欢喜，满面春风，连走路都像在飘一样。

妻子心里想，振堂今天毕业回来了，又得了奖，一家人在一起吃顿团圆饭该有多好啊！

她把家里所有的坛坛罐罐都翻腾遍了，仅剩下两升掺了一大半榆树叶的杂面了。老天不遂人的愿，巧妇难为无米炊，她有什么办法呢？

她烟熏火燎地把杂面馍馍蒸了出来，看了又看，越看心里越酸楚。她长叹一声，咬着牙把饭端上桌子。

父亲和母亲一见杂面馍，脸上的笑意立刻消失了，平添了一层愁苦的阴云。

父亲拿起一双筷子，不敢看董振堂的脸，低头闷声道："吃饭！"然后，一句话也不说了。

妻子见一家人闷头吃饭，心里非常难受，更是无心说话。董振堂看出全家人的心思，拿起一个杂面馍馍，咬了一大口，故意香甜地嚼着，乐呵呵地说："还是家里饭香啊！我就爱吃家里的杂面馍。"他望着妻子深情地笑了笑。他又说道："哦，对了，我回家时绕道去地里看了一下，麦子黄遍了，明早能开镰啦！先拣黄的割些回来，烙一顿葱花油饼，尝尝新麦的味道吧！"

他这么一说，屋子里空气一下活跃起来了。父亲和母亲都说董振堂的主意好，明日一早就开镰，先吃一顿葱花油饼，补上董振堂中学毕业又得奖归来的这顿团圆饭。

这一夜，董振堂和妻子说了好多知心话。当妻子向他诉说毕家庄天主教堂里的那些恶霸仗着洋人的势力，横行乡里，欺压百姓，无法无天的种种恶行时，董振堂无比激愤，说道：“这世道是应该改变了！”

他耳畔仿佛又响起了陈先生那铿锵的话语：“古人云，国家兴亡，匹夫有责……吾辈臣民皆应以他为师表，为光复我伟大富强之华夏而尽心尽力也！”

他又想起了那个绵绵的阴雨天，他在涨水的河边，右手挥动着牧牛的长鞭，以鞭杆代巨笔，把岳飞的那首千古传诵的著名诗篇《满江红》，以硕大的字迹，留在了云压雾罩的河滩上……

他禁不住满怀激情地背诵了起来：

怒发冲冠，凭栏处、潇潇雨歇。
抬望眼、仰天长啸，壮怀激烈。
三十功名尘与土，八千里路云和月。
莫等闲、白了少年头，空悲切……

妻子听他朗诵完这首词，低声问：“你总忘不了你的读书诵诗，难道要学一辈子吗？”

董振堂深知妻子多年来饱受的艰辛和心中的凄苦，抚摸着她那长着茧子的手，深沉地说：“俗话说，读万卷书，行万里路。不读书怎能救国救民、富国强民呢？没本事又怎能驱除帝寇、振兴中华呢？我这一辈子不打算过什么清闲日子，不打算坐享什么欢乐幸福，而是打算吃一辈子苦，求一辈子学，探索一辈子的人生道路，为寻求光明奋斗一辈子！这一点对你讲明白，你得有个思想准备啊！”

妻子轻轻地抚摸着董振堂那宽厚的肩膀，犹豫了一下，还是问道：“这么说，你又要出门啦？”

董振堂真不想在这个久别重逢的甜蜜夜晚，就讲出让她精神上还没来得及准备的事情来。但是，既然话题已经说到这里了，他就不想轻易放过这个谈话的机会。沉默了一会儿，他终于低声地说：“我要去北平报考保定军官学校，在家待两天就走。”

她听出他的口气十分坚决，知道他已经下了最后的决心，想改变那是绝对不可能的了。

她想了一下，用一种深思熟虑之后才会有的坚定口吻说：“只要你干的是正事，我这一辈子都不拉你后腿。如今你已经苦苦攻读了多年的书，待在家里荒废了也可惜！自古忠孝难两全，你为国为民尽忠，只要你高兴，我心里也高兴得很呢！”

董振堂听到妻子这么说，仿佛看到了她那颗美玉一般纯净、水晶一般透亮的心！

军校历练

1917 年夏天，董振堂顺利考入保定军官学校预科——清河陆军预备学校。学校位于昌平县清河镇，全校建有楼房 20 余幢，砖瓦平房百余间。学校西边是一个八九平方公里的大操场，器械体操场、骑术教练场应有尽有，学生可在这里得到充分的锻炼。学校设学科和军事科，同时进行军事训练。学科有国文、中外历史、中外地理、代数、几何、微积分、物理、化学、绘图、外语等；军事科有步兵操典、各种典范令、内务条例，还有武术、马术、刺枪、器械体操、野外演习等。

董振堂非常喜欢和珍惜紧张而艰苦的军校生活。他十分刻苦用功，门门功课都是优秀。尤其是操练、射击、演习、游泳，他样样都做得比其他学员出色。他练习瞄准射击，在步枪的枪管上吊一块青石头，双手举枪站立，一瞄就是好几个钟头，两只胳膊麻木了也不肯停下来；武装泅渡，他扛一根迫击炮钢筒，在数十米宽的河水里，游过来，游过去，往返几个来回还不肯罢休；他探索炮科技术，一跳上炮位，常常忘记了休息和吃饭；他钻研军事理论，星期日休息时，别人上街、聚餐，他抱一本书，往膝盖头上一放，坐在一棵大树下，身子随着树荫移动，竟能忘记了饥渴。

董振堂除了读书外，还一直坚持练武。河北是武术之乡，练武成风，董振堂又有良好的基本功，武功过人，在同学中很有名气。加之他总是助人为乐，人们都称他为“大侠”，因此也结交了许多志同道合的朋友。

1919 年 12 月，经过两年多的紧张学习和严格训练，董振堂以优异的成绩从清河预备学校毕业，被分配到北苑边防军第一师炮兵团当军官候补生。

董振堂在炮兵团里度过了半年紧张的军营生活，深感自己学到的知识还很不够用，决定再考保定军官学校继续学习深造。恰在这时，保定军校因军阀交战，校舍被乱兵焚毁，暂时停办。又逢华北地区大旱，家中无粮，生活十分困难。董振堂无奈，只好投到陆军第 15 混成旅炮兵营当新兵。炮兵的训练很苦，兵饷更是低得可怜。尽管这样，董振堂仍把省下来的一点钱捎给家里买粮度日，苦苦地渡过眼前的难关。

1921 年秋天，董振堂以优异的成绩考入了保定军官学校。由于他的数学成绩特别突出，而且学过炮兵技术，便被分配到第九期学炮科。

保定军官学校是在经历炮火摧毁后的一片废墟上重新建起来的，校舍十分简陋，还有不少临时搭起来的茅屋草房。条件虽艰苦，但随着一批生气勃勃的新学员的到来，学校顿时增添了无限的生机。特别是经历了五四运动思想洗礼之后，各地宣传进步思想的书刊，犹如雨后春笋般地创刊出版，马克思主义思想开始广泛传播，民主和科学的口号越喊越响亮。进入保定军官学校的一大批青年学员，正是在这种时代潮流的推动下，在新思想、新文化和新精神的影响下，怀着寻求救国救民真理的远大抱负而来的。他们有理想、有抱负、有热情。董振堂的理想就是做一位统率千军万马的将帅。在他看来，军官学校就是培养将帅的地方。

在军校里，董振堂结识了许多和他一样有志向的热血青年。与他关系最密切的是同班同学季振同和黄中岳。

季振同出生于河北沧州的一个大地主家庭，他从小过惯了大少爷的生活，连衣服都要丫鬟给他穿。刚来军校那阵儿，光是每天早起出操，就弄得他够狼狈的了。有一天半夜，突然响起紧急集合号，他正睡得迷迷糊糊，爬起来一把抓过裤子当上衣穿，又把上衣硬往腿上套，闹出了一场轰动全校的大笑话。

黄中岳是河南信阳人，他的父亲是一个大商人，家有万贯财产。他也是从小就挥霍惯了的阔少爷，一进校就和季振同关系甚密。他二人同岁，季振同生日大，黄中岳便以兄长相待。

董振堂比季振同和黄中岳都年长几岁，起初他虽然嘴上不说，心里却对季振同和黄中岳的大少爷派头有些反感。

一个礼拜天，同宿舍的几个人都出去逛街了。董振堂见房子里挺清静，就从枕头底下取出一本《孙子兵法》，聚精会神地看了起来，还不停地在笔记本上写些笔记。突然，季振同和黄中岳兴冲冲地闯了进来。

季振同见董振堂正在用功，便笑道："外面不见你，我就知道你又躲在宿舍里苦用功了！"

黄中岳直冲到董振堂跟前，把他手中的那本《孙子兵法》抢过来丢到一边："快走快走！还用什么功啊！外面有戏，咱们看戏去！"

董振堂心里又气又恼，却没有发作出来。

季振同发现董振堂有些不大高兴，便斜了黄中岳一眼，责备道："你这个人，总是冒冒失失的，不论走到哪里，你那张没有哨兵把门的嘴，再加上你那两只连蝎子尾巴都爱逗的手，真能烦死人！"

黄中岳哈哈一笑，没事儿似的自我解嘲道："我长了嘴就要吃饭说话，长了手就要干活拿东西，爱怎么说就怎么说，爱怎么动就怎么动，我管他那么多干吗！"

他二人在一起，总是争论不休。董振堂捡起书微笑着说："不要尽为那些支不起牙的事儿争论不休啦！要想看戏，你俩赶快去吧！我实在不爱看戏，失陪了，很抱歉！"

黄中岳一听急了，他眼珠子一翻，高声叫道："什么，不爱看戏，你想哄傻瓜啊？"

董振堂连忙解释道："不是骗你。我年龄比你大，筋骨比你硬，记性比你差，这是客观事实啊。同样是军事操练，你腰腿软，学起来就比我快。同样是学习理论和战术，你记忆能力强，两遍就记牢了，而我就得记3遍、4遍。不然，就赶不上你了。所以，我必须把玩耍的时间，全都用来学习。这就是我不能陪你们去逛街、下馆子、看戏的道理。当然，我也懂得生活安逸一些好，至少是不费力气的轻松事儿，可是我不能啊！"

黄中岳是个有口无心的直肠子，他又夺过

董振堂手里的《孙子兵法》，举在半空里晃着，怪声怪气地叫道："你是全校的优等生谁不知晓？今日礼拜天，你不去看戏，却一个人钻在房子里看这本破书！难道我们学校里也要考《孙子兵法》吗？"

这时，季振同插话说："你尽是胡扯！难道我们学校里不教的知识就不能学了吗？你去打听一下，哪一个领兵打仗的将帅没熟读、深钻过《孙子兵法》呢？你整天就知道张着个嘴到处乱放炮。"

他二人又开始争论不休。董振堂听到这里，笑了笑，说："军官学校就是培养将帅的地方。记得法国拿破仑将军曾说过这样的话：不想当元帅的士兵就不是一个好士兵。我们都是军官学校的学员，还不能等同于一般的普通士兵，更应该有一腔远大抱负！"

季振同听了董振堂这番话，连连点头称是。而黄中岳则不然，他嘿嘿一笑，说："不知道打牌，不知道玩乐，不知道看戏，天天关在屋子里去看那些破书，就能看出将军来？就能看出元帅来？真是活见鬼！”

董振堂严肃认真地说：“我认为，世界上任何一个将军，任何一个元帅，都是由士兵成长起来的。一个出色的将军，一个出色的元帅，他首先应当是一个出色的士兵。一个出色的士兵，他所做的一切，既是平凡的，又是伟大的。因此，平凡的事情中往往包含着伟大的成分，而伟大的事情中往往又包含着平凡的因素。平凡是伟大的影子，伟大是平凡的产儿。这就是士兵与将帅之间的关系。”

季振同点了点头，他终于弄明白了董振堂如此废寝忘食地勤学苦练的根本原因。

积蓄力量

1923 年春，就在董振堂毕业前夕，原在直系军阀吴佩孚所部的一个同学邀请董振堂到洛阳该部去工作。董振堂找到哥哥董升堂商量，问此事是否可行。董升堂说：“吴佩孚妄想用武力统一中国，日益骄横，别看他现在盛极一时，恐怕是兔子尾巴长不了。”

董振堂十分赞同哥哥的看法，便说：“听说冯玉祥的西北军11师军纪严明，用人取才重实际，不讲人情。我们是穷孩子出身，没有靠山，不如去11师！”

董升堂说：“对，可以到冯玉祥的军队里去锻炼锻炼。”

毕业后，董振堂、季振同、黄中岳、何基沣等十几个同学一起被分配到西北军冯玉祥的11师当见习官。不久，董振堂、何基沣等4人又被选调到师部参谋处工作，任务是绘制地图。他们接受任务后，冒着酷暑，每天工作十三四个小时。工作不但辛苦，待遇也很低，尤其是当时的部队军阀作风盛行，军法十分森严。

一天，一个上司前来视察。他把这里的参谋、教官和见习军官等100多人，召集到军帐前训话。他讲军人必须以服从命令为天职，就是上级错了，下级也不准争辩的规定，然后把两个犯了军规的参谋拉出来，扒下裤子，每人痛打40军棍。站在旁边的见习军官们，一个个吓得面面相觑，谁都不敢吭声。

这事过后，和董振堂一起分来的见习军官，没几天就逃跑了一半。在参谋处绘图的 4 个人，除董振堂外，其他 3 个人也都想离开这个部队。

董振堂劝说道："天下乌鸦一般黑，走到哪里都一样。我们赤手空拳，怎么去救中国？现在应当立定志向，埋头苦干，锻炼身心，不怕任何困难，先在这里干几年，等我们积蓄了力量，掌握了实力，有了机会，才可以救中国啊！"其他几个人听他这么一说，觉得很有道理，于是，打消了逃走的念头。

绘图任务完成后，董振堂主动要求到学兵团炮兵连当排长。当时，名义上规定排长每人每月发二两半银子薪饷，因冯玉祥的部队没有兵饷来源，实际上每月都发不了。董振堂下到连队，每天带领士兵操练 10 小时以上，刻苦磨炼自己。出操、演习、抬土、挑砖，凡是要求士兵做的事，他都率先做到；一些士兵做不好的事，他耐心讲解、亲做示范。除了训练外，还要参加修路、种树等许多杂务劳动。这样的生活，许多下级军官都忍受不了，而董振堂觉得是磨炼自己意志的好机会，始终坚持着干。董振堂艰苦朴素，吃苦耐劳，处处以身作则，关心士兵，赢得了大家的爱戴和拥护。

有一天，董振堂和往常一样，和士兵一起抬土运砖，修建营房。正好冯玉祥来部队视察，看到董振堂穿着单衣，和士兵一起干得满头大汗，当场表扬董振堂是个以身作则的好排长。

能得到冯玉祥的表扬，这在西北军中是极少见的。别说全连官兵，就连冯玉祥的随从人员对他也立即另眼看待了。

冯玉祥十分欣赏这样的基层军官，了解到董振堂是保定军官学校毕业的学员后，当即传下一道命令：进行军事演习！

转眼间，炮声隆隆，火光冲天，一场紧张而激烈的实战演习开始了。

董振堂指挥一个排，担任正面主攻任务。他根据亲自观察到的地形和“敌情”，随时改变攻击方向，巧妙地指挥部队绕过“敌人”的炮火封锁地带，很快抢占了一座小山包。接着，他和士兵一起，迅速架起炮，用密集的炮火摧毁了“敌人”的火力工事。此后，不断集中炮火持续进行延伸射击，不仅掩护突击部队顺利攻占了“敌人”的主要阵地，而且配合追击部队在围追中全歼了溃逃的“敌人”，胜利地结束了这场漂亮的攻坚战。

在这场干净、利索、漂亮的实战演习中，董振堂不仅判断准确，指挥有方，而且身先士卒，亲自射击，连发9炮，炮炮命中目标，真是神了。

冯玉祥端坐在战马背上，双手举着望远镜，镜头一直追踪着董振堂那冲锋陷阵的英姿虎势，频频点头，连连叫好。

军事演习结束后，他点名让董振堂向全连介绍经验。董振堂毫不拘束，大大方方地站在队列前，结合战地实况，简明扼要地总结了这次军事演习的得与失，赢得了一阵阵热烈的掌声。

部队解散后，冯玉祥找来董振堂问话。

“你就是从保定军官学校毕业的董振堂吗？”

董振堂“啪”地一个立正，大声报告道：“报告总司令，我是董振堂！”

冯玉祥举了一下手，算是给董振堂还了礼。

“现在当排长？”

“是！”

“听说你们保定军校连你一共来了13人？”

“是的。”

“现在只剩下你和师部参谋处的几个参谋？”

“是的。”

“你为什么能够留下来呢？”

“我不怕苦。”

“你真的不怕苦吗？”

“是的。如果怕苦，我就不来11师！”

“好。像个军人！”

冯玉祥闪射着两道严肃的目光，直视着董振堂的脸，“我决定提升你为师部参谋处上尉参谋，你马上准备一下，随我一同回师部报到！”

董振堂知道，冯玉祥任用军官学校毕业生的惯例是，先由排长升为上尉参谋，此后便永远在参谋工作上打圈子。对于任何一个刚从军官学校毕业的学员来说，突然受到最高司令官的器重，不说是受宠若惊，也应视为是一种莫大的荣幸了。然而，董振堂的志向却并不在这里。

“报告总司令，我恳求继续留任排长！”

冯玉祥见董振堂打破了他的用人惯例，原地站了一会儿，绕着董振堂踱了几个圈子，突然停在董振堂面前，威严得活像一座大理石雕像。

他那双严厉的目光，直直地逼视着董振堂，半晌不说一句话。一阵带着寒意的秋风吹过，张开了他那件黑色披风。他的脸色变得像一块生铁似的冰冷无情了。

董振堂立正站着，目光正视着远方飘起的一朵浮动的白云，心里也像这秋天的碧空一样坦然阔荡。

冯玉祥第一次在新来的小排长面前碰了一个不软不硬的钉子。

参谋长深知冯玉祥的性格，他既爱士兵和军官，责之严，爱之切，恨铁不成钢；更注重人才，一经发现，便破格任用，因而也不会怎么处罚董振堂。但他也觉得董振堂有些不识抬举，不该当众让最高军事长官下不来台，有失体面。

这时，参谋长站了出来，先把董振堂轻描淡写地指责了几句，然后对冯玉祥解释道：

“这期保定军官学校分来我部的十几名学员，

因为吃不了苦，走得只剩下董振堂、季振同、黄中岳、何基沣几个人了。董振堂有志于在部队里做下层军官，磨炼自己，也难能可贵呀！今天这个事，我以为，还是随他的志愿为好。”

冯玉祥听了，既没点头，也没摇头。他铁青着脸沉默了片刻，尔后，对参谋长和随从把手一挥，离开了部队。

路上，冯玉祥与参谋长并马同行，低声道：“沙里淘金，越淘越真。走了的，不会有什么好的。留下的，才是有志于救国救民的人才啊！”

不久，董振堂就被提升为炮兵连连长。

02 浴火锤炼

五原誓师

1924年9月中旬，第二次直奉战争爆发，冯玉祥出任倒直的讨逆军第三军总司令。随后，他借机联合奉系军阀张作霖发动了北京事变，囚禁贿选总统曹锟，驱逐清朝末代皇帝溥仪出宫，迎接孙中山先生北上北京，并将所部改编为国民军。董振堂也相继擢升为机炮教导队大队长和陆炮营营长。

北京事变之后，曹锟的同伙吴佩孚对冯玉祥、张作霖怀恨在心，寻机进行报复。此时，冯玉祥与张作霖之间又因相互争夺地盘，剑拔弩张，时有冲突。各派军阀之间的矛盾变得越来越复杂和尖锐。

1926年1月，直系军阀吴佩孚、奉系军阀张作霖联合晋系军阀阎锡山，三面围攻冯玉祥的国民军，一场军阀大战终于爆发。为维护国民军的存在，冯玉祥通电下野，将国民军交给张之江代理，并制定了把部队撤出北京，进驻绥远、甘肃建立根据地的计划。冯玉祥的总退却方针能不能实现，关键是能不能守住南口这个重要关口，阻止奉军与直军的联合进攻。

这年春天，董振堂被任命为工兵团团长。春寒料峭，北方凛冽的寒风扫掠着长城八达岭。董振堂率领工兵团，在筑城专家的指导下，充分利用南口这片天然险要地形，苦干3个多月，构筑起从南口到居庸关蜿蜒50多公里的深沟阔壕，并在公路、铁路两侧高地上修筑起林立的碉堡，形成了一道群炮交错的坚固防御体系。国民军以此为依托，与奉军、直军激战4个月之久，最终在伤亡过半、弹尽粮绝的情况下，节节溃败，余部向绥远、包头一带撤退。

向西溃退的国民军官兵，群龙无首，军心涣散。基层官兵感到前途渺茫，很多人投靠军阀阎锡山。

这时，董振堂所部退到五原一带休整。他心情异常苦闷。自从军以来，就把自己的青春和热血全部投入到带兵打仗上，可是军阀混战之际，今天打过去，明天又打过来，全都是在为军阀卖命，何时才能实现救国救民的志向呢？眼前的现实使他思想彷徨不知所措。

1926 年 8 月，正在苏联学习考察的冯玉祥，受中共北方局负责人李大钊的邀请，回国重振西北军，响应北伐。冯玉祥回国时，恳请当时正在苏联担任东方大学共产党支部书记的刘伯坚随他一同回国，共举救国救民之大业。

冯玉祥一回到绥远省（今内蒙古）西部的五原，就急忙集结旧部，重整旗鼓。9 月 17 日，举行了震惊中外的五原誓师大会，传檄天下，誓师北伐，并对原国民军进行重新整编，组成了国民军联军（又称西北军）。冯玉祥任联军总司令，刘伯坚任政治部副部长，主持政治部工作，董振堂被提升为第 4 师第 12 旅旅长，季振同被提升为师参谋长兼特种兵旅旅长，黄中岳在季振同的旅里当 1 团团长。

五原誓师大会上，刘伯坚为新成立的国民军联军作了报告。他的讲话高屋建瓴，生动透彻，既讲明了中国革命的前进方向，又指出了国民军联军的前途和命运，使全体官兵耳目一新，思想上和灵魂上都产生了一次巨大的震动。

誓师大会刚结束，心怀激动的董振堂与赵博生、季振同、黄中岳和苏进等几位要好的朋友谈论起来："刘伯坚这个人不简单，是个栋梁之材，跟着这样的人干，肯定能干出一番大事来。"

连日来，笼罩在董振堂心头的阴霾驱散了，他仿佛走上了一条充满希望的光明大道，看到了一个布满阳光的壮丽前程。特别是看到在短短的一段时间内，在刘伯坚坚强有力的思想政治工作影响之下，西北军像变了一个样似的。董振堂决定请刘伯坚为12旅作一次报告。

一天，董振堂来到政治部。见到刘伯坚时，行了一个标准的军礼，毕恭毕敬地说道："报告刘部长，我叫董振堂，第4师12旅旅长。"

刘伯坚高兴地说："欢迎！欢迎！早听冯司令

说到过你。”于是，两人亲切地聊了起来。他们聊得很投机，刘伯坚和蔼可亲的诚恳态度，使董振堂消除了紧张情绪，忘记了上下级的关系。

董振堂大胆而直率地问道：“刘部长，听说你是共产党员，是吗？”

刘伯坚看到董振堂认真而急切的神态，坦诚地说道：“是的，我在法国勤工俭学时就参加了共产党。”接着，刘伯坚就中国共产党的性质、宗旨、奋斗目标等问题向董振堂进行了深入的阐述。他说：“共产党是无产阶级的政党，是为工人、农民，为一切劳苦大众服务的，现在正领导着全国人民反对帝国主义、封建主义，打倒军阀列强，将来要建立一个由人民当家作主的新中国。”

刘伯坚的话，像甘霖滋润着董振堂渴求的心，同时也向董振堂的心里播撒了一颗共产主义思想的种子。这不就是董振堂所要追求的理想吗？他激动的心情久久不能平静。

刘伯坚看了看董振堂，便问道：“你今天到这里来，还有什么事吗？”

董振堂恳切地说道：“刘部长，我来是想请你到 12 旅给弟兄们讲讲话，不知你意下如何？”

“当然可以！”刘伯坚爽快地答应了董振堂的邀请。接着问道：“你想让我给士兵们讲什么呢？”

“报告刘部长，我是农民出身，当兵为了吃粮。跟着冯总司令这么多年，仍然不明白为什么要打仗？为谁打仗？南口阻击战时，我在工兵团，修筑了坚固的工事，阻击吴佩孚、张作霖的进攻，死了那么多弟兄。南口败北，我失望过，感到前途渺茫。五原誓师那天，听了你的讲话，又点燃了我心中的希望。”

刘伯坚说：“走吧，我现在就去你那里。”

刘伯坚来到董振堂的 12 旅，全体官兵早已列队在那里等候，一双双期盼的眼睛齐刷刷地望着他。刘伯坚站在队伍面前问大家：“弟兄们，你们知道你们为什么当兵吗？又是为谁在打仗？作为一名军人，只有弄明白了这个道理，才能当好兵，才能打胜仗啊！”

“我现在给你们讲一讲我们的冯玉祥总司令曾说过的一个真实故事好不好？”

士兵们齐声高喊：“好！”

“冯司令说：‘我从前当兵的时候，我并无何种目的，晚上睡觉的时候，只想我要是有一斤银子，我就坐着吃，什么事情也不干了。后来升了排长，才知道一斤银子，并不值多少钱。我就想：如果有一斤金子，我就可以吃喝无忧了。后来升了连长，我奢望就更大了，我只想积蓄一笔钱，盖造三间平房，每天炖一罐猪肉，给我父母亲吃。谁知升到营长的时候，我就参加革命了。打那以后，我才认识到当兵参加革命的目的，是团结工农民众，打倒帝国主义，打倒军阀，消灭剥削，解除民众的贫困和痛苦，让人民都过上平平安安的好日子。’总司令的这个故事告诉我们什么呢？人要有大志，不能只顾眼前的小利益。现在的中国军阀混战，谁是真正为民众、为咱老百姓的呢，只有中国国民革命军，所以，我们要热爱自己的队伍啊！”

刘伯坚接着说：“怎么热爱自己的队伍呢？那就是要服从命令、听众指挥、遵守纪律、勇打胜仗。这是每个士兵都应该做到的，也是必须要做到的，只有做到了这些，才能算得上是合格的士兵。”

刘伯坚真情风趣的讲话，像温暖的阳光，照

得士兵们心里亮堂堂的。董振堂也深深地被刘伯坚的思想和学识所折服，他从刘伯坚这位共产党员的身上看到了未来和希望。

策应北伐

1927 年 4 月底，武汉国民政府为了让冯玉祥的国民军联军策应北伐军作战，实现“会师中原”的计划，并在军事上和经济上加强和巩固关系，决定将国民军联军改编为国民革命军第二集团军，冯玉祥任总司令。5 月 1 日，冯玉祥宣誓就职。接着，部队进行了整训，任命刘伯坚为政治部部长。董振堂、赵博生、季振同和黄中岳仍任原职，季振同的特种兵旅改编为手枪警卫旅。5 月 5 日，第二集团军兵分左、右两路，一路东出荆紫关，一路西出潼关，直接策应武汉方面北伐军进攻吴佩孚、张作霖所部。

董振堂所部在右路军总指挥孙连仲率领下，

浩浩荡荡，出了荆紫关。然后顺汉江而下，征河南，战鄂西，势如破竹，一举击溃了直系军阀吴佩孚的豫鄂联军，最后将联军第 9 军军长兼荆襄边防总司令于学忠的部队包围在邓县。

于学忠部虽是溃退之军，但在兵力和装备上都强于孙连仲部。恶战一连持续了数天数夜，结果孙连仲部攻城失利。

于学忠像只斗红了眼的公鸡，索性来了个破釜沉舟，集中主力从右侧迂回反攻，麾军杀了个回马枪，一直杀得孙连仲的国民革命军连夜撤退到淅川附近，固守待援。

战局发生了重大转折，于学忠反败为胜，气焰十分嚣张，他接连向孙连仲部发起疯狂的进攻。

就在孙连仲节节败退，无招架之力时，董振堂策马来到孙连仲面前主动请战：“报告总指挥，要是信得过我董振堂，我请求带领部队，到互亭镇一带阻击敌军，掩护全军转移！”

孙连仲一听，如获救星，他连忙上前拉住董振堂的手，眼里充满感激和信任：“好！好！绍仲！当前情况十分危急，我相信只有你才能胜任阻击敌军的任务，解救全军于危难之际！待部队安全突围后，我一定电告总司令，为你重重地请功邀赏！”

“总指挥！狭路相逢勇者胜。跟军阀队伍作战，为救国救民献身，我董振堂就是拼得一死也值得，何必提什么功与赏呢？”

孙连仲听了董振堂的话，一时没反应过来，想了想，才悟出了语意。便满脸堆笑地说：“是呀是呀！绍仲为国为民之赤胆忠心，实在令人敬佩啊！难怪总司令和刘部长老在我面前夸奖你，哈哈哈……”

董振堂带领部队急行军来到互亭镇附近。他察看完地形，迅速部署好部队，命令抢修工事。部队刚修好工事，就见敌人一个师的兵力向国民革命军扑了过来。

董振堂仔细观察敌人的进攻态势，发现敌人气焰虽很嚣张，但队伍密集。只要在近距离集中重火力大力杀伤，待敌混乱溃败之时，组织强悍突击部队奋勇出击，便可一举获胜。

敌人密密麻麻，一窝蜂似的向董振堂布置的

阵地前拥来。越来越近了，甚至连眉眼都能看清时，董振堂大喊一声："打！"

顿时，隐蔽在阵地正面和两翼的各种火器一齐开火，枪声震耳，弹火纷飞，打得敌人死伤一片，其余的也吓得溃不成军。

这时，董振堂率领大刀队冲杀上去。在一片喊杀声中，敌人被这支训练有素的大刀队砍杀得抱头鼠窜。董振堂率部乘胜追击，歼敌数千人。这一仗，使于学忠部元气大伤，不敢再犯，孙连仲部得以安全转移，来到淅川准备休整。

这时，吴佩孚兵败襄樊，军心涣散，士气萎靡。于学忠部的7个师也进退失据，彷徨无主。冯玉祥决定，趁此机会派孙连仲率部从淅川东进，压迫敌军，促其投降。

孙连仲部因连日作战，未得到休整，此时正人困马乏。接到命令后，行动有些缓慢。董振堂心急如焚，若不抓紧行动就会失掉战机。他又找孙连仲请战，得到同意后，率领全旅轻装上阵，从内乡与邓县之间向东南出击，急行军两天一夜，直插樊城西面的竹获铺，以迅雷不及掩耳之势，出其不意地围歼了吴佩孚的警卫旅。接着，人不解甲，马不卸鞍，乘胜冲杀，连续作战，又直捣吴佩孚的司令部，活捉吴佩孚的参谋，击毙吴佩孚的参谋长，刀劈吴佩孚的秘书长，打了一个漂亮的虎口掏心仗。

吴佩孚见司令部被捣，便带着几个随从，找来几件破衣烂衫，胡乱化装一番，趁混乱之机，惶惶坐上一只小船，偷偷地渡过汉江，狼狈南逃，才幸免一死。

于学忠一看靠山倒了，主子逃了，无可奈何地骂了半天娘，最后带着几个亲信马弁，也连夜逃走了。他的部队统统被国民革命军第二集团军收编。

董振堂一战成名。战役结束后，被提升为国民革命军第二集团军第 36 师师长。

接受改编

1928 年春，董振堂奉命率第 36 师在安阳韩陵山至林县一带，与奉系军阀展开激烈战斗，奉军依仗兵多和武器好，向装备简陋的国民联军发起猛烈进攻。董振堂指挥部队构筑坚固的工事，利用深沟高垒，稳扎稳打。战斗中，他身先士卒，带领部队奋勇抵抗，阻止了奉军无数次的疯狂进攻。苦战3个月之久，以惨重的代价，将奉军击溃。

战斗结束后，正值端阳节前夕，董振堂率部路过河北深县。5月，深县有名的鲜桃果实累累，正是下树的时候，队伍从路边经过，伸手可摘。当天天气炎热，战士们眼望鲜桃，顿感口干舌燥。一向治军严谨的董振堂，要求部队严守“不扰民、真爱民、誓死救国”的纪律。为避免发生官兵偷吃桃子的事件，他命令部队迅速通过桃乡，不得故意停留。他专门下了一道命令：“吃桃不留头，留头不吃桃。谁要偷吃老百姓一个桃，就把脑袋拿来！”

结果，部队路过桃林时，士兵们拨开挂满枝头的桃树，匆匆而过。躲在树下看桃子的农民，望着远去的部队，脸上露出惊喜和疑惑的神情。整个部队经过桃乡，没有一人偷摘老百姓的桃子，受到当地群众称赞，一时传为佳话。

不久，董振堂调任第13师师长兼洛阳警备

司令。

1929 年 5 月，第 20 师师长韩复榘与第 24 师师长石友三联名发电背弃冯玉祥，表示“维护和平，拥护中央”，接受了蒋介石的任命。韩复榘的背叛，使国民革命军第二集团军不得不全部撤进潼关，以图寻机再起。

第二年春天，天灾降临，陕甘两省大旱，饿殍载道，哀鸿遍野。蒋介石不但不设法救灾恤民，反而严禁运米粮进潼关，妄图借天灾消灭国民革命军第二集团军。冯玉祥大怒，当即联合阎锡山，出兵讨伐蒋介石。自此，拉开了冯玉祥、阎锡山与蒋介石中原大战的序幕。

董振堂把这场大战视为救国救民道路的抉择，深信打倒了蒋介石，就可以救国救民了。他为自己立下了“卧薪尝胆，誓死救国”的誓言。因而，作战中总是身先士卒，冲锋陷阵，率部激战数十天，屡挫敌锋。

一天，董振堂正在视察部队，通信员前来报告：“师部来了一位苏参谋，说是找你有要事商谈。”

“哪里来的苏参谋?”

“他说他是总司令的高级参谋苏进。”

董振堂听说是苏进，又惊又喜，便对前沿部队的军官作了些交代，当即飞马赶往师部。

在11师学兵团时，董振堂先当排长，后当连长兼任教官，那时，苏进就一直是他的部下。因此，在他俩之间，除了一般的上下级关系外，还有师生情谊。五原誓师前后那一段时间里，苏进虽然一直在冯玉祥那里服务，但仍和董振堂保持着密切联系。3年前，苏进去日本东京陆军士官学校学习，路过河南驻马店车站时，董振堂的部队正好在那一带驻防。他特意在驻马店车站下车，专程到董振堂的师部跟他告别。

那天中午，董振堂破例准备了一桌丰盛的酒菜，专门为苏进饯行。

董振堂举起酒杯道：“愿老弟到日本后刻苦操练，努力学习，提高修养，将来回国后，好共谋救国救民之大业！”

苏进也神情激动地回敬道：“愿绍仲兄诸事如愿，为国为民有所建树！”

想到这些，董振堂不禁感慨万端。他仰天长叹一声，自言自语道：“唉！3年又过去了！如今仍是国将不国，民将不民，还有何颜面见故友呢？”

董振堂心事重重地回到师部，一见苏进，十分高兴，也就把刚才路上的那满腹惆怅和苦闷赶得无影无踪了。

见面寒暄一番后，苏进便说明了来意。原来，老奸巨猾的蒋介石几经暗中活动，张学良的奉军已从东北入关。阎锡山的部队顶不住，先后放弃了北平、天津一线，退守娘子关，保他的山西老巢去了。与此同时，蒋介石在南线也加强了攻势，国民革命军的一个师在新郑以南被包围。敌人南北呼应，展开全面攻势，战局急转直下。第38师邹永生部被冯玉祥紧急调到郑州以南铁路以西，加强南线的防御力量。但是，第38师与董振堂的第13师接合部有一个空隙，总司令部派苏进前来调停解决，以加强两师之间的协同动作，配合作战。

董振堂明白苏进的来意后，没有当即表态，

只是长长地叹了一口气，说："总司令今天同这个打，明天同那个打，也没有个目标，打到什么时候算完？"

他沉思了一阵，又说："原来，我总以为这场讨伐蒋介石的大战，和救国救民是一回事情，对这场战争寄予很大的希望。仗打到眼前这个局面，我才渐渐醒悟过来，发现这场战争和以前发生过的多次战争的性质完全一样，又是一场劳民伤财的军阀混战！"

说到这里，董振堂沉默了一阵，继续说："我看目前中国的局面，很像三国时期的割据混战。现在，西北有西北军，东北有东北军，长江流域让蒋介石盘踞着，还有大大小小的各路军阀队伍。另外，江西还有共产党领导的红军，据说把革命的大火已经烧到蒋介石的大门口啦！在这样一个混乱局面中，总司令要是再不看准目标，改变一下他的战略方针，说不定哪天还要跟红军开战嘞！不过，这种可能性很小，或者说没有。但是，再照目前这样乱打一气，最后非把这个队伍给葬送了不可！你说呢？"

董振堂看苏进默不作声，就转了个话题，说："战争一连打了几年，朋友也各居东西，咫尺天涯，难得见上一面，不知赵博生、季振同、黄中岳他们的情况怎样？"

苏进接过话题说道："我在焦作时听人说，季振同现在仍担任14师师长兼总司令的手枪旅旅长，黄中岳仍做团长。季振同那里的情况，也和你这里一样，处境十分困难，不仅军官、士兵的饷发不下去，而且粮食和冬装都没有着落。更严重的情况是，黄河以南是蒋介石的部队，北面是张学良的奉军。如此看来，前途渺茫，败局已定。"

说到这里，苏进停了一下，接着说，"至于赵博生那里，风言风语就更多啦！豫西战役中，他担任军参谋长兼特种兵旅旅长。战事失利后，他见报国无门，救民无途，便毅然率领仅有500多人的教导大队，成立了三民主义救国军，开往陕南开辟革命新路。后听说救国军成立不久，就遭土匪武装袭击，因寡不敌众，被打垮解散了。"

苏进长叹了一声，继续说："眼前的事实已经无情地告诉我们，中原大战彻底失败了！现在，摆在我们面前的只有两条路：一条是破釜沉舟，破罐子破摔，豁出命来继续拼打下去；另一条是接受南京政府的改编。听说孙连仲暗中派人去南京接洽过，孙本人也亲自去了一趟。据说蒋介石的条件非常苛刻，要部队离开河南，经徐州、兖州到菏泽、济宁一带驻防，而后再授予番号，进行改编，待改编完成之后，才能发放经费。”

听到这里，董振堂脸色铁青，双目喷射出火一样的愤怒光芒，一下站起来，痛心疾首地跺脚喊道：“我们跟着总司令喊了多年‘救国救民’，没想到喊到最后，竟落到如此境地！这真是莫大的屈辱！”

苏进摇了摇头，惨然叹道：“唉！大势所趋，徒唤奈何！”

董振堂像是问苏进，又像是问自己：“常言道，单丝不能成线，独木不能成林。但不知赵博生、季振同他们又是何打算？难道就这么等着束手待毙，接受改编，任人宰割吗？”

苏进沉思了一阵，低语道：“赵博生现在还不知去向，我打算在你这里再住几日就到14

师去。”

董振堂哀叹了一声，又续起刚才的话题，说道:“唉！国难当头，匹夫有责。我辈军人皆是堂堂正正的男子汉大丈夫，倘若生不能救国救民，势必成为千古罪人，死亦无葬身之地！”

不久，苏进带着一个青年士兵再次来见董振堂。见面之后，苏进对董振堂说:“这个青年叫刘振亚，思想很进步，可以留在你这里当个参谋。”因为苏进是董振堂最值得信任的老相识、老朋友，所以一经苏进介绍，董振堂就把这位青年留了下来，并十分信任地提拔刘振亚为师部上尉参谋。

刘振亚是当时在冯玉祥部与共产党地下组织保持着联系的共产党员。大革命失败后，冯玉祥驱逐了在西北军中工作的共产党员，刘伯坚等许多共产党人都先后离开了西北军，刘振亚的身份未暴露，就设法在西北军中隐蔽了下来。

1930 年的冬天特别寒冷。蒋介石与冯玉祥、阎锡山的中原大战结束，国民革命军第二集团军宣告失败，冯玉祥被迫出走山西，把残部交孙连仲率领。部队在万般无奈的情况下，顶着凛冽的冷风，撤离河南，开到山东济宁一带改编。这支吃了败仗的部队最后被改编为国民党第26路军，把原有的4个半步兵师缩编为第25、第27两个师，把全军的迫击炮团、榴弹炮团、装甲团、骑兵师等全部重装备和特种兵与步兵分割开来，大大削弱了这支部队的军事实力，并让利欲熏心的孙连仲当总指挥兼第25师师长。孙连仲又请来赵博生出任第26路军参谋长。

改编后，董振堂的原13师，被缩编为第25师73旅；季振同的原14师，被缩编为74旅；冯玉祥的原手枪警卫旅，被缩编为74旅1团；董振堂和季振同便由师长降成了旅长，黄中岳任1团团长。

孙连仲虽说当了总指挥，却如同坐在了各种矛盾交织的火山口上，终日里火烧屁股，大有一种泥菩萨过河——自身难保的感觉。总共给了两个师的番号，要编进3万人马的部队，结果弄得师长当旅长，旅长当团长，团长连长编进教导团里去当兵，上下左右怨声载道，骂声连天，骂了蒋介石，又骂孙连仲。骂归骂，薪饷照旧发不下来，官兵的生活每况愈下，许多人早已囊空如洗，连理发洗澡的钱都没有了。整整骂了几十天，骂到春节前夕，谁知骂来的不是薪饷，却是蒋介石从南京发来的一纸开赴江西“剿匪”的命令！

除夕晚上，董振堂没吃一口饭。他一个人待在卧室里，思绪纷飞，陷入一种极度忧愁烦闷的情绪中。他觉得浑身酸软，四肢无力，随便往床上侧身躺倒，从枕头底下抽出那本看得还剩最后几章的《政治经济学大纲》。他想借着看书驱除心中的苦闷，熬过这个令人心烦意乱的除夕之夜。可是，他的眼睛虽然瞅在书上，脑子却不知在想些什么，尽管翻了好几页，却一点儿也没看进去。他使劲揉着太阳穴，把书随便往床上一扔，心不在焉地站起来，在这间小小的斗室里，推磨似的踱起步来。

他觉得房子里太闷，空气像是凝固了似的，令人窒息。他犹豫了一阵，终于披上大衣，推开门走出房间。

街道上到处是鞭炮炸飞的纸屑，空气里弥漫着一股火药的气味。俗话说，每逢佳节倍思亲。他虽然是一位能征善战的将军，多少个新春佳节都是在战马背上和炮火硝烟中度过的。此时此刻，也不免思绪万千。他想起了童年时家乡的除夕夜，想起了劳累一生到老来身子像一张弯弓的父亲，想起了每逢年节总要为他偷偷抹泪的老母亲，也想起了那次在洛阳车站上送妻子回老家时的情景，妻子探身车窗外向他一个劲挥动的手和那双满含依依别情闪着泪光的眼睛。唉！早知今日，何必当初？我董振堂戎马多年，到如今既不能救国，又不能救民，何不趁早解甲归田，那样的话，虽不能尽忠于国，难道还不能尽孝于父母吗？

他这么痛苦地思索着，不知不觉地出了西城门，来到运河边上，呜咽的河水拍打着两岸的冰碴，发出一阵阵低沉而悲壮的轰响。

倒映在冰冷的河水中的星星，猛地一看，如一河繁星，又似一河流萤，波光粼粼，仿佛萤火铺出的一条路，通向银河的另一端。这使他联想到自己走过的路，那是一条弯弯曲曲、坎坎坷坷的风雨险道，并不像运河这样壮美宽阔，更不像银河那样磅礴笔直。

他发奋学习，贫困潦倒在北平街头。

他跻身军旅，一切从零开始；

他誓死救国，跃马挥戈参加北伐；

想着想着，他禁不住心潮澎湃，热血沸腾，信口哼出一支歌儿来。

大军东出潼关去，

不怕死，不偷生。

打倒张作霖！

消灭北洋军！

……

这支歌儿，他在北伐时期唱了何止千百遍！那时候，呼呼啦啦，轰轰烈烈，大旗指处敌胆寒，军民一心凯歌高。

可是，眼前，又是怎样的一种局面呢？军心涣散，士气萎靡，薪饷无着，前途渺茫。蒋介石又三令五申，威逼着下江西“剿匪”。“剿”的什么“匪”？别说他董振堂，就连广大士兵都知道，蒋介石的“剿匪”，实际上就是去打共产党领导的红军。蒋介石阴谋让这支杂牌军与红军厮杀，两败俱伤，他好坐收渔利。

想到这些，不由得使他不寒而栗。

03 奔向光明

春潮涌动

26路军在艰难曲折和痛苦中来到江西，正好遇上蒋介石对中央苏区发动第二次“围剿”。26路军分两路向东韶、小布的红军发起进攻。右路军由27师师长高树勋指挥，与红军刚一交战，就被红军消灭了一个旅。董振堂的73旅归左路军，由总指挥兼25师师长孙连仲指挥。部队还未来得及和红军接触，就退了回来。

蒋介石对中央苏区的第二次“围剿”以失败告终。1931年7月，蒋介石又采取快速进攻的方式，对中央苏区发动第三次“围剿”。

在这次“围剿”中，董振堂因不愿同红军打仗，曾提出辞职，但未获批准。于是，他多次编造假情报，以此为由，不肯向红军“进剿”。蒋介石得知这一情况后，给孙连仲发电报，大骂董振堂：“贪生怕死，畏缩不前……”表现出对董振堂的极大不满。对此，董振堂心里十分清楚。蒋介石不信任他，他也从来没有信任过蒋介石。他从军的目的，是为了寻找一条救国救民的道路。北伐战争之后，蒋介石屠杀无辜的群众，依仗帝国主义势力，祸国殃民，流氓嘴脸暴露无遗。这些，董振堂看得一清二楚。

中原大战后，西北军失败，他和部队一起被蒋介石收编，实属无奈。冯玉祥大势已去，这位“基督将军”在董振堂心目中失去了昔日的光辉。蒋介石不行，冯玉祥也不行。那么，究竟谁能救中国呢？他又一次想到了五原誓师以后，他曾接触过的刘伯坚等共产党人。共产党宣传的主张，正是他梦寐以求的理想。这次到江西后，他置身于“围剿”红军的前线，逐渐了解到，红军才是真正为穷苦老百姓打仗的军队。于是，一个早就萌发过的念头，又一次浮上了他的脑海，他决定要设法找到刘伯坚。

国民党的第三次“围剿”失败以后，蒋介石

命令 26 路军困守宁都这座孤城。宁都城地处“围剿”红军的前线，城周围经常可以看到红军写的各种标语，有的还深深地凹刻在石碑上：

> “共产党是为工农谋利益的党！”
> “红军是为工农谋利益的军队！”
> “打土豪，分田地，帮助穷人翻身。”
> “红军纪律严明，红军不打自己人。”
> “士兵不打士兵，穷人不打穷人。”
> ……

起初，26 路军的官兵，看了这些标语还半信半疑，因为他们和红军没有实际接触过。后来，他们有时也能看到红军战士在山头上唱歌，红军战士的歌声听得清清楚楚：

“白军士兵你细听，你们也是受苦人，没饭吃你们才来当兵……”那嘹亮的歌声，像要吹散他们的魂，解除他们的武装似的。慢慢地，红军和 26 路军的官兵形成了一种默契，见了之后，谁也不打谁。

26路军的广大官兵，几乎都是北方人。到宁都后，人人都害怕吃大米，害怕天下雨，更害怕跟红军打仗。由于南方蚊虫较多，水土不服，许多士兵染上了恶性疟疾或痢疾，加上蒋介石对这支杂牌军队的歧视，供给和医药条件极差，非战斗减员日趋严重。每天晚上从城门抬出去的死人与日俱增，仅担任城防警备的74旅，开始时每天死亡十几人，后来竟发展到一天死亡30多人，一天就要死掉一个排！几个月里，有近千人患病死亡。宁都城西北的山坡上，翠岗的下面，到处都是刚刚堆起的新坟，谁见了都黯然伤神。当时，在26路军中流传着这样一首歌谣：

出了北门望北坡，
新坟更比旧坟多，
新坟埋的都是北方老大哥。
要想离开西北坡，
联合一起来倒戈。

疾病的威胁，官长的压迫，使广大士兵十分

寒心。有些士兵指着山坡上的累累坟冢说："我们都要到这里来排队呢！"

随着广大官兵不满情绪的滋长，26 路军中的共产党地下组织及时开展活动，一边发展党员，一边进行政治宣传，揭露蒋介石排除异己的险恶用心和调虎离山、借刀杀人的阴谋。

九一八事变后，面对日军的野蛮侵略，26 路军的广大官兵，纷纷要求北上抗日，保卫自己的家乡。士兵们强烈呼吁："东北三省不能让日本鬼子占去！""我们是军人！我们是中国人！回到北方打日本去！"

这时，担任 26 路军总指挥的孙连仲，跑到上海看牙病去了，日常军务由参谋长赵博生主持。在汹涌澎湃的抗日怒潮中，以赵博生、董振堂为首的高级将领，联名通电蒋介石，要求北上抗日。蒋介石气急败坏地拍来电报，命令26路军"死守宁都"，并以"侈谈抗日者杀勿赦"相威胁。又命令嫡系朱绍良部坚守广昌一线，堵住 26 路军北上的去路。

面对这样的处境，董振堂内心十分苦闷。事情是明摆着的，蒋介石妄图置 26 路军于死地。他早就信不过这个独夫民贼了。倒戈吗？红军那边究竟怎么样呢？怎样才能联系到刘伯坚部长呢？他也曾多次私下打听过刘伯坚的去向，但都无人知道。部下刘振亚探家时，他还特地要他到上海打听一下刘伯坚的消息，后来也没打听到。

正在这时，从南昌传来消息说：董振堂 73 旅驻南昌的留守处，被蒋介石的特务抄了！很显然，这是蒋介石对董振堂不肯南下江西、不肯“进剿”红军的报复。

不久，董振堂以看病的名义，带着上尉参谋刘振亚去了一趟南昌。回到宁都后，董振堂决定把旅部由城中心的北边搬到城中心的西边，靠近驻扎在县衙门附近的 74 旅旅部。

旅部搬家后不多久，董振堂的老部下、时任 74 旅 1 团副团长的苏进来看望他，并向他讲述了 74 旅最近发生的一些情况，还有一些人想当红军的议论。苏进说：“咱们去找刘伯坚部长好不好啊？我在河南时，听说他还在上海。”

这话正好说到董振堂心里，他回答了一句：“我们要干的话，牺牲啰！”

董振堂说的这句没头没尾的话，苏进是理解的。他知道董振堂的意思是说：我们要是准备投奔共产党的话，就要豁出去准备牺牲。

董振堂接着又问道："74 旅有没有组织？"

苏进回答说："没有发现过什么组织。不过，74 旅有个叫卢寿椿的营长，以前曾被怀疑是共产党，因为部队过去在华阴县驻防时，有个被通缉的共产党员逃到他那里就找不见了，所以怀疑他。听说卢寿椿过去曾在北京大学读过书……"

正说着，参谋长赵博生掀开门帘子走了进来。他一边笑，一边和董振堂打招呼说："绍仲，咱们到城墙上转转去吧。"

董振堂浓黑的剑眉一扬，很感兴趣地说："好啊！咱俩走走去！"

董振堂和赵博生肩并肩地走着，他们转过城墙拐角，放慢了脚步。赵博生突然问道：

"你觉得红军怎么样？"

"红军挺能打仗。"

"共产党呢？"

"政治上很强。"

“还有别的方面呢？”

“你说呢？”

董振堂见赵博生接二连三地向他提出如此重大的问题，而且大有一种打破砂锅问到底的架势，一时还摸不清他的真实用意，便以守为攻地反问了一句。不想这一个反问，却提醒了赵博生。常言道，隔墙有耳，草中有人。在野外谈论如此重大的问题，万一被谁偷听去，传到孙连仲和蒋介石的耳朵里，那后果就不堪设想了。于是，他的话题转到另一个问题上。尽管话题转了，但还是三句话离不了本行。

“你对目前的时局怎么看？”

“我看用 4 个字可以概括。”

“哪 4 个字？”

“山穷水尽。”

“难道真的就无路可走了吗？”

“也许还有那么一条路，一条光明的路！”

“在哪里？”

“我已经苦苦寻求十来年啦！”

说到这里，两人相视沉默了一阵，都觉得心里十分沉重。过了许久，赵博生长叹一声，又接上

刚才的话茬，继续谈起来。

“你为什么如此悲观呢？”

“因为在黑暗与光明之间，隔着一道比宁都这城墙还厚还高的墙！”

“我看要推倒这道墙，并不那么容易啊！非得有人帮助不可！”

“谁？”

“共产党！”

长期高筑在心中的堤坝一旦被打开，心灵的隐秘就像破闸的江水一泻而出，再也无遮无掩了。董振堂突然道破隐藏在内心深处很久的秘密，连他自己都觉得十分吃惊。

党的召唤

一天，宁都城一家僻静的小酒楼上，靠窗的一张红漆桌子摆着一只烧鸡，几盘炒菜，还有两瓶白酒。国民党第 26 路军中的地下共产党员，正在这里召开中共特别支部秘密会议。这是特别支部成立后的第二次秘密会议。会议由支部书记刘振亚主持。参加会议的大多是大革命时期的共产党员。

部队刚进驻宁都时，时任73旅参谋的刘振亚就和本旅的共产党员袁汉澄接上了关系，他们决定去寻找党组织。

刘振亚向董振堂请了探亲假，董振堂批准后，还特意嘱咐他绕道去上海一趟，顺便打听一下刘伯坚同志的消息。刘振亚并没有回家，他费尽周折，才在上海与党组织取得了联系。组织要求他们继续在26路军中开展兵运，特别提出要对董振堂和赵博生二人开展工作。不久，上海党组织又派王超、李肃打入了26路军。他们商量决定，抓住当前士气低落、沮丧、迷茫的有利时机，利用同学、朋友、老乡、战友、拜把子等方法，在官兵中发展党员。4个党员如同4颗火种，在26路军中悄悄燃烧起来了。

刘振亚、袁汉澄、王超、李肃先后分别在26路军中发展了总指挥部执法队长王振铎，73旅旅部参谋郭如岳、学兵连连长李青云，74旅排长王铭五、执法官王文宏等人入党。王超也将大革命时期与组织失掉联系的总指挥部译电室主任罗亚平、79 旅副连长熊伯涛接上了关系。至此，26 路军中共产党员已有近 20 人。

刘振亚探亲回到 73 旅后，对董振堂说没有找到刘伯坚部长。他对董振堂十分了解，知道他在千方百计地找共产党，心里十分高兴。但由于时机不成熟和党的纪律要求，没有向董振堂透露任何一点关于共产党的情况。他心里十分清楚，董振堂是一位精明谨慎的人，早就怀疑自己是共产党员了，在许多事情上，董振堂是默许和暗中支持的。

4 月下旬，也是在这家小酒楼的二楼上，26 路军中的共产党员召开了第一次秘密会议，成立了中共特别支部，刘振亚任书记，袁汉澄任组织委员，王铭五任宣传委员。下设士兵、官长支部，刘振亚兼任官长支部书记，李青云任士兵支部书记。

遵照党中央指示召开的特别支部第二次会议分析了 26 路军广大官兵的思想动向，重点围绕发展党员的问题进行了讨论，尤其是对发展赵博生、董振堂二人入党的问题，大家发表了意见。

刘振亚首先对赵博生的历史和主要表现进行了分析：早在西北军的时候，赵博生就是一个正直的爱国者，大革命时期倾向左派，受共产党的政治影响较深。国共分裂时，对蒋介石背叛革命、杀害共产党人、独裁卖国表示过极大的愤慨。南下江西后，他的思想感情发生了极大的变化。对凡是以“赤匪罪”名抓来的人，总是设法予以释放。他经常找卫兵谈话，问：红军打土豪分田地你赞不赞成？他还问过罗亚平同志：你是湖北人，湖北是出共产党的地方，你见过没有？从多方面来看，他是一位革命的爱国将领，并不断努力地探索着新生，向往着光明……

“赵博生正在积极地寻找新的出路。在这种情况下，党组织如果不采取主动的果断措施，就会失去这大好时机！”

刘振亚继续说道：“董振堂和赵博生的性格情趣十分相投，在一起相处的时间很长，既是同乡，又是同学，关系甚密，思想脉络很合拍，所以在许多方面都非常一致。他还是 26 路军中的实力派，数他 73 旅实力最为雄厚。因而，对待他的争取工作，既要像对待赵博生一样重视，又要冷静、慎重。按照党的指示，我们今后的工作，主要做士兵工作，重点放在董振堂的73旅，核心就在学兵连。这也是我从南昌回来后要求下到学兵连当排长的主要原因。”

刘振亚谈完情况后，就把以中共特别支部的名义写给赵博生的一封长信念了一遍。经大家补充修改后，决定由罗亚平同志利用工作之便，找机会送给赵博生本人。

1931年冬的一天清早，赵博生出操回来，一走进寝室，就看见桌子上放着一封厚厚的信。他把武装带往床上一扔，迅速地抓起信，只见信皮上用毛笔写着5个大字：赵博生亲启。

信中全面阐明了九一八事变后的中国局势、中国共产党的主张、全国高涨的革命形势和第26路军的处境与光明前途等问题，使他觉得眼前一亮。他一连读了3遍，尤其是落款的一行字：“中共特别支部”，更让他激动得热泪盈眶，他的胸口像大海的波涛一样剧烈地起伏着。过了很久，当他渐渐镇静下来之后，他很快断定这送信的人不是别人，必定是罗亚平无疑了。

正在这时，罗亚平拿着一份电报进来了。他一见进来的是罗亚平，便轻手轻脚地关上门，又打开抽屉，取出那封信，十分恳切地说：

“这封信我看不是你写的，你还没那个水平，但与你有关系。我赵博生的情况你是了解的。我曾亲自到过上海，后来又专门派你3次去上海，一心想找到刘伯坚，但没有实现这个愿望。今天没有别的话，只有一句，我请求加入共产党，这是我唯一的夙愿！不要看我是参谋长，叫干什么我就干什么！你做我的引路人吧！”

罗亚平见他说得十分恳切和坚决，很受感动。站起来，十分肯定地说：“我一定帮你找到党！”

经过短期的观察和考验，特别支部认为，赵博生的入党要求是诚心诚意的。接着，派人出面和他谈入党问题，然后履行入党手续，并报党中央批准。

赵博生入党后，刘振亚代表特别支部找他谈了一次话，谈话中特别提到，希望他和同志们一道做好73旅的工作，特别是董振堂。

赵博生十分自信地说：“我了解董振堂，他早就一心一意地在找党了！”

果断决策

1931 年 12 月初的一天夜晚，宁都城衙门东侧的一幢二层小楼上，室内的灯火亮了一夜。这是 26 路军 73 旅旅部和旅长董振堂的住处。晚上七八点钟，26 路军参谋长赵博生、73 旅旅长董振堂、旅部参谋刘振亚、郭如岳等在这里秘密聚会，商讨 26 路军何去何从的问题。

油灯下，赵博生首先说道：“我们如果继续跟红军打下去，不但没有前途，很可能就要全军覆灭。”

董振堂接上说：“肯定不能再打下去了。现在我们部队的士兵有四怕：一怕跟红军打仗，二怕害病，三怕下雨，四怕吃大米。部队病亡这么多，士气很低落……”接下来他把听到的各种反映和部队中流传的那首“大家一起来倒戈”的歌谣给大家说了一遍。最后，他又强调说：“现在一无兵源，二无弹药，加上生活不习惯，再也不能跟红军打下去了！”

赵博生说：“咱们不是蒋介石的嫡系，南方没有地盘，北方的地盘又全部丢了，弄不好就会死无葬身之地！”

董振堂突然斩钉截铁地说道：“只有一条路，就是把部队拉上，投红军去！”

紧接着，赵博生语气坚定地说：“看来只能这么办了！”

赵博生受中共特别支部的委托，和董振堂先后谈了好几次话。当他听到董振堂终于下定了决心，不再苦闷彷徨和犹豫时，心里很是高兴。当晚，赵博生就住在了这里，与董振堂就有关问题商讨了一夜，直到东方开始露出了鱼肚白，曙光初现时，他们才在兴奋中闭了一会儿眼睛。

经过一系列的准备，26 路军举行起义的各种条件日趋成熟。

12 月 5 日，译电室主任罗亚平突然收到蒋介石从南昌行营发来的“十万火急”电报。电报云：

“令 26 路军总指挥部严缉刘振亚、袁汉澄、王铭五三名共产党员，星夜送往南昌行营惩处。”罗亚平收到电报后十分着急，连忙去找刘振亚、董振堂商量，然后请参谋长赵博生参加特支扩大会，研究随机应变的对策。

原来，党组织在南昌的一个地下交通站遭到敌人的破坏，26 路军地下党的两个重要材料落到了敌人手里。秘密暴露，事情变得十分紧迫。赵博生一面以代总指挥名义回电蒋介石“遵令即办”，一面商量紧急派人到苏区找刘伯坚，找红军。同时研究提前起义的准备工作。

当天，董振堂把旅部参谋郭如岳叫到他的办公室，以充满革命热情的神情说：“情势紧迫了，我们要举行暴动，在敌我生死搏斗中，我不杀敌，敌必杀我，犹豫不决，只有等死。今天派你去红军总司令部报告，联系请示，要求接应我们暴动。”说完，董振堂从抽屉里取出一块在红绸上写好的信，叫郭如岳缝在衬衣内，化装去苏区。

74 旅旅长季振同也派出卢寿椿，地下党特别支委派出袁汉澄，他们三人各走一路，同时悄悄进入苏区。

希望，在渴求光明的人们心中炽热地燃烧。

最先到达苏区的袁汉澄，被几名赤卫队队员抓到后捆绑了起来，他急得一边比画一边说，可是对方根本听不懂他的方言。于是，他急中生智唱起了在西北军中刘伯坚教唱的《国际歌》。哨兵们听到这亲切、雄壮的歌声，先是愣住了，接着为他松绑，将他送到苏维埃中央政府。

袁汉澄急切地说有重要情况报告，要求见红军最高长官。

红军总部里一位40多岁衣着平常的军人接待了他，关切地问："同志，从哪儿来的？"

"宁都。"

"有啥子事吗？"

"我找刘伯坚部长，找朱总司令。"

"我就是朱德嘛！"

袁汉澄大吃一惊，真不敢相信，眼前这位朴实魁梧的军人就是闻名遐迩的朱总司令。

于是，袁汉澄向朱总司令详细说明了宁都的情况。

次日，军委召开紧急会议，研究第26路军暴动的问题。

毛泽东说："全部暴动的条件是存在的，这要靠我们党过细的组织工作。万一不能全部暴动，局部暴动也是好的，在反革命的心脏捅上一刀也是好的。中央决定派刘伯坚同志到固厚去与他们联系。"

叶剑英接着说："西北军受过大革命的洗礼，有党的地下组织，有中央苏区的军民作后盾，取得成功的条件是有的。伯坚同志，还应该看到困难也很多，担子很重啊！"

刘伯坚说："我相信西北军的广大官兵。他们大多数是北方的贫苦农民、牧民。中国共产党高举抗日的大旗，有着无比巨大的民族凝聚力。"

这一天，73旅的郭如岳和74旅的卢寿椿也分别到了红军总部汇报了情况，将董振堂的信交给了朱总司令。总司令立即转给了刘伯坚。

刘伯坚根据毛泽东的指示和中革军委讨论的意见，结合26路军的实际情况，对宁都兵暴作出了具体的部署和安排。同时，代表中革军委给季振同、赵博生、董振堂写了复信。

第二天，袁汉澄、卢寿椿、郭如岳满怀喜悦地回到宁都。就在董振堂的卧室里，他们向赵博生、董振堂、季振同等人汇报了见到刘伯坚的情况，讲述了毛泽东主席、朱德总司令、叶剑英参谋长、王稼祥主任的关怀。特别是中革军委派刘伯坚部长来领导、组织、联络兵暴的各项事宜，使 26 路军起义的策划者和领导者感到踏实多了。

董振堂听到这里，高兴地说："我们找刘伯坚部长找得好苦啊！真没想到，我们很快就要和他见面喽！"

袁汉澄继续说："为了确保起义的胜利，中革军委决定派红 4 军到宁都东北 20 里的会同地区，监视和牵制广昌县境内的蒋介石嫡系部队。要求我们在可能的情况下，将宁都的地方反动武装头子黄才梯、严维坤逮捕起来。另外，还派刘伯坚同志携带电台到固厚联络指挥。"

郭如岳从一个文件包里取出一张军事地图，展开在大家的面前说："中革军委还给我们带来一张军事地图，把部队起义后的行军路线和沿途敌我态势全都标明了！"

大家齐聚在那一张军事地图前仔细地看着，董振堂突然回头来问道：“还有什么消息吗？”

郭如岳连忙说：“对了，这里还有刘部长给你们的回信。”

赵博生显得异常激动，他说：“军委把什么问题都给我们想到了！还有的话，就是你董振堂和我赵博生，怎么为实现党所领导的这次起义而冲锋陷阵，战斗到最后一刻呀！”

董振堂接过信，激动得再也无法抑制自己的感情。他霍地一下站起来，“嘭”地一拳击在桌子上，宣誓似的说：“只要是为共产党的事业，为中国人民的翻身，我董振堂一定冲锋陷阵，战斗到生命的最后一刻！”

赵博生也站起来，语意深切地说：“董振堂同志！让我们一起并肩战斗，在这次起义中接受党的考验吧！我坚信在不久的一天，也许就在起义胜利之后的欢庆日子里，你就会成为党的一名坚强战士！”

大家都站了起来。董振堂面对大家，坚信无疑地说：“我相信，党一定会接受我的！”在场的人无一不被他的这种精神所感动。

赵博生望着他那诚心诚意的眼神，很动感情地说："是的，这一天就要到来了！"

这一句话，提醒了董振堂，他忙问："起义的具体时间定了没有？"

"定了！"

袁汉澄只说了这两个字，突然又把后面的话咬住了。他用右手食指蘸着茶水，在桌上写出了一个重大的日子：

1931年12月13日夜12时。

就在大家还沉浸在惊喜之中时，董振堂连忙打开刘伯坚的回信，信中写道：

振同、博生、振堂诸同志：

我代表红军以十万分热烈诚恳的敬礼，欢迎在中国革命中奋斗多年的诸位同志来同红军共操劳苦工农的解放，同时把将要被帝国主义瓜分的中国夺回来，交给全国一切被压迫被剥削的劳苦群众手中。

这是何等光荣何等伟大的历史机会啊！

同志们，我看了你们给我的满含着血泪和革

命热忱的来信，使我回想到我们过去在西北风沙中转战4000余里的30万国民军，到如今都是百战余生，白白地牺牲了无量的热血，没有得到一点革命的结果！使我回想到诸同志朴质忠勇的风格，冲锋陷阵无敌的英勇，同样的奋斗到如今，没有结果，反转成了诸同志在革命历史中的缺陷，要你们重新来补写，都只是因为政治上没有得到正确的领导。

……

同志们，我已将你们的革命热忱转告中华苏维埃中央革命军事委员会各负责同志，他们都十分热烈地期待着诸位同志前来，共同携手为革命奋斗，并要我代表他们的欢迎的热忱来同诸位同志在适当的时间和地点接洽一切。

相距不远，快晤在即，一切都再面谈。这里先向你们致一个热烈欢迎的革命敬礼！

刘伯坚

1931年12月7日于瑞金

董振堂读着刘伯坚的回信，禁不住热泪长

流，件件往事一齐涌上心头。他痛悔以前自己的蒙昧，倍感共产党和刘伯坚的亲切、信赖、关切、鼓舞……董振堂仿佛像是就要回到母亲怀抱般的激动。他看完后，又郑重地把信递给了季振同和赵博生。

商量完毕，董振堂召集全旅连以上干部开会。平日里不善言辞的董振堂这次慷慨激昂地发表了演讲，令大家目瞪口呆。

“弟兄们，你们都是好样的。你们大多数都是贫苦弟兄。咱们西北军之所以失败，是因为被人出卖了，无数弟兄的血白流了。我们的父母兄弟在家里，仍然没有吃的，没有穿的，还受着帝国主义和军阀的欺压。蒋介石把咱们调到江西来打红军，红军也是穷苦弟兄呀！他们与我们既无冤又无仇，我们为什么要打红军？

“日本鬼子侵占了我们的东三省，3000 万同胞当了亡国奴，我们为什么不去打日本呢？红军要抗日，咱们也要抗日去！

“兄弟们，打内战是个大火坑，我不能让弟兄们去打自家的兄弟，请相信我董振堂吧，我要带领大家跳出火坑，走向光明，走向幸福！……”

宁都起义

正当26路军的精英们紧锣密鼓地为起义加紧准备时，突然接到通知，从南昌发给26路军的2万套冬装，还有上月的薪饷和部队经费已经到了广昌，不日即可运来。怎么办？如果按原计划起义，这些冬衣和薪饷就无法得到，这将是一笔不小的损失啊！

季振同和黄中岳得知这一消息后，急忙跑来找董振堂和赵博生商量，主张把起义的日子推迟一天，争取给大家发了衣服，关了饷，暖暖和和，高高兴兴地去当红军。

董振堂和赵博生开始不同意这个意见，认为军事无万全，求万全者无一全。可是季振同和黄中岳一再坚持。为了起义的全局利益，赵博生和董振堂最后也只好同意了。

于是，他们一面派袁汉澄、卢寿椿、郭如岳

三人作为代表秘密出城，通知红军更改起义日期；一面派军需处处长宋奇峰星夜前往广昌，催促骡马大队将冬衣和薪饷日夜兼程运回宁都。

袁汉澄、卢寿椿、郭如岳三人得到军委指示后，连夜从固厚赶了回来，向赵博生、季振同和董振堂作了详细汇报。中革军委同意推迟一天起义，于12月14日下午6时开始行动。并决定：26路军起义后，部队改编为中国工农红军第五军团，由季振同任红五军团总指挥，董振堂任副总指挥兼13军军长，赵博生任参谋长兼14军军长，黄中岳任15军军长，刘伯坚任红五军团政治部主任。

起义的前一天，宋奇峰催赶着浩浩荡荡的骡马大队，载着棉衣和薪饷，终于回到了宁都。

兵饷和新衣立即分发了下去。关了饷的官兵们兴高采烈，纷纷上街买日用品，买纸烟，买各种吃的东西。宁都街上的茶楼酒馆，到处挤满了士兵，气氛显得异常热闹。

14日黄昏，宁都全城戒严，城里驻军全部换了岗哨，换了口令。城里三步一岗，五步一哨，一派临战状态，连空气都仿佛凝固了。

73 旅旅长董振堂怀着一种特有的战斗激情，召开了最后一次紧急军事会议。参加这次会议的有刘振亚、黄中岳、郭如岳、宋奇峰、袁汉澄、马金富、边章五、李青云和几个下级军官。

会上，没有进行任何讨论，董振堂简短明了地下达命令："今晚行动，到红军那边去！各位按照分工听命令执行。估计 74 旅那边可能有点麻烦，我们要做好各种应急的准备。李青云到学兵连去！负责把守好北门和东门。郭参谋到警卫连去！加强警卫巡逻。"

听到旅长的命令，大家立刻分头行动。

如血的残阳中，警卫连荷枪实弹地在街上巡逻。通往城外的所有电话线被割断了，城里所有的无线电台，包括总指挥部电台、25 师师部电台和蒋介石派遣的特务电台，分别由学兵连和总指挥部执法队武装占领，并实施封锁和控制，不准向外拍发任何电报，走漏任何消息。

城东梅江河上的两座木板桥，也由学兵连派人武装占领。一切电讯枢纽、兵站、各师部、旅部、伪宁都县政府，以及通往苏区的所有交通要道，统统由刘振亚指挥，派出可靠的人员武装封锁或监护。蒋介石派到26路军的大小特务全部被逮捕看押。对那些可能反对起义的人员，一律指定专人进行严密监视。

74旅旅部起义前的各项准备工作正在紧张地进行。旅长季振同紧急召集营以上军官训话："各位，现在日本帝国主义侵略东北，窥视华北，我们祖国的命运处在风雨飘摇之中。国家兴亡，匹夫有责。我们要求打日本，蒋介石却热衷于打内战，置国家、民族利益于不顾。我们再不能这样下去了，我们坚决要求北上抗日，如蒋介石不准许，我们就绕道广东，然后再打回北方去。"

到会的人纷纷表示："照旅长讲的办，我们跟你走。"

当晚，赵博生以参谋长的名义发出请帖，请各部团以上主官到总指挥楼上赴宴。待人全部到齐落座后，赵博生走进客厅，他环视一周后说道："诸位，孙总座在上海养病，关心各位弟兄，特意捎来高级烟酒慰问。今天请诸位来此团聚，一是转达孙总座的关心，二是有些紧急军务要和大家磋商。”

说完，赵博生走到墙边，拉开布帘，露出一幅挂着的中国地图。

“诸位，自9月18日以来，日本鬼子强占了我东北三省，3000万同胞当了亡国奴。国家兴亡，匹夫有责，我们是中国人，是中国军队，要打，就应该上前线打日本鬼子。可是蒋介石却置国家民族的危亡于不顾，硬把我们留在内地打内战，打红军，打自己的兄弟，想以我们的牺牲和红军的流血，为他独裁扫清地盘。日本鬼子眼看就要打进关内来了，我们北方家乡眼看就要沦亡。我们自称是革命军人，可是有枪不能御敌，有志不能救国救民，我们还算什么军人？照此下去，将来我们还有何面目见自己的北方父老？有何颜面立身于人世？”

赵博生停顿了一会儿，继续慷慨激昂地说道：“我们现在困守于宁都，四面被红军包围，唯一的一条退路，也被蒋介石堵死，长此下去只能是死路一条！现在，我愿意带大家走一条光明大道——参加红军，回北方，打日本，救中国！”

话音刚落，董振堂霍地站起来，两道锐利的目光闪电一般扫视着众军官，朗声说道：“诸位！国难当头，我们誓死救国之日到来了！我们 26 路军好比一只巨轮，赵参谋长好比是轮机手，今晚这巨轮往哪里行，我们就往哪里走！”

季振同更是急性子，早已按捺不住了。他拍案而起，亮着嗓门吼道：“干脆说吧，是蒋介石把我们逼得走投无路了！我们只有举行暴动，当红军，北上抗日，打回北方去。这一条路，也是逼上梁山的啊！”

“我赞成赵参谋长的主张！”

“联合红军，走北上抗日的光明大道！”

赵博生当众宣布：“我现在正式宣布总指挥部的决定：第 26 路军今晚 6 时举行起义，加入红军！同意这一决定的，把手举起来！”

赵博生说完，第一个举起手。紧接着，董振堂举起了手，季振同举起了手，黄中岳举起了手……大多数军官接连举起了手……

就在这时，会场上出现了一阵骚动。有几个

死心塌地跟老蒋的顽固分子跳出来叫嚷着："我反对！打日本我赞成，要我加入共产党我不干。"

于是，那几个家伙当场就被全副武装的卫队士兵制伏。

赵博生参谋长宣布："起义！"

赵博生即令参加起义的旅长团长们，连夜带领他们的部队按照规定的时间和地点，集结待命。

夜色茫茫，宁都县城一切依旧，没有冲天的火光，没有血战，只有偶尔一两声枪响划破寂静的夜空。按照刘伯坚与26路军代表商定的计划，各部队依次顺利撤出宁都城，开往县城东南方向梅江岸边集聚。

15日清晨，雾散日出，晨光洒在波光粼粼的梅江河上。第26路军2个师6个旅共1.7万多人云集在梅江沙滩。

董振堂激动地说："弟兄们，从今天起，我们不再受蒋介石的欺骗了，我们到苏区去，与红军并肩战斗……"他一把撕掉国民党的帽徽和胸章，扔在地上，憎恶地说："让这东西从此和我们永别吧！"

“起义了！”

“当红军去！”

士兵们欢呼雀跃，纷纷撕掉国民党的青天白日徽章。

在赵博生、董振堂、季振同、黄中岳的率领下，1.7万多人的起义部队，浩浩荡荡向苏区进发。刘伯坚、左权等代表中华苏维埃共和国临时中央政府和中革军委，在固厚组织军民隆重地迎接这支队伍。

起义部队在天擦黑时才赶到固厚。

“刘部长来接我们了！”走在前面的战士吼了一声，像是口令，一个传一个，在长长的队伍中激起一阵阵春潮。

刘伯坚大步朝前，向走在前面的赵博生、董振堂、季振同、黄中岳走来。一声声暖心的问候，一阵阵热烈的握手、拥抱。这感情的海洋，融进了多少语言，多少情怀！

“我昨晚一夜没睡觉，很焦心你们哩！”刘伯坚激动地说。

“我们也很紧张啊！”赵博生说。

“列宁说过，起义是一种艺术。蒋介石让你赵参谋长严缉共产党，你却把队伍带到共产党这边来了。他可要通缉你这个参谋长哟！”

“让蒋介石通缉吧，我这把骨头属于苏维埃了！”赵博生深情地说。

季振同接过话：“我们当红军，死也不回头了！”

“党欢迎你们！人民欢迎你们！红军欢迎你们！”

刘伯坚握着董振堂的手：“绍仲，我们是多年不见的老朋友了。你的两封信，真是一字一泪，一句一条血痕啊！”

董振堂激动地说：“刘部长，你是我走向光明的引路人啊！”

苏维埃政府组织固厚军民杀猪宰羊，敲锣打鼓，送来了许多猪肉、蔬菜和粮食慰劳起义部队。起义士兵们从未见过这样的热情场面，有的被感动得热泪盈眶。过去，他们无论走到哪里，那里的老百姓就像见了瘟神一样躲起来。今天，他们刚踏上苏维埃的土地，就感到像回到家一样的温暖，当一名红军战士是多么光荣啊!

当晚，由刘伯坚起草的《起义宣言》，经过季振同、董振堂、赵博生共同讨论后，通过电台向全国发布。无线电波载着 1.7 万多名将士的肺腑之言，像春雷般响彻世界。

04 凤凰涅槃

把一切交给党

1931 年 12 月 16 日上午，晴空万里，起义官兵列队在固厚外的草坪上。刘伯坚健步走上临时搭起的土台子，他代表中华苏维埃政府和中央革命军事委员会，热烈欢迎第 26 路军官兵光荣起义，参加红军！同时宣布：授予起义部队中国工农红军第五军团番号，任命季振同为红五军团总指挥，董振堂为副总指挥兼 13 军军长，赵博生为参谋长兼 14 军军长，黄中岳为 15 军军长，并颁发了毛泽东和朱德同志亲笔签名的委任状。

左权同志率领中央军事委员会代表团和文工队前来慰问。他诚挚感人、生动丰富的讲演，深深地感动了起义部队的每个官兵。那亲切的话语就像一缕温暖的阳光，使广大起义官兵的心里敞亮了许多。

文工队带来的生动活泼、丰富多彩的文艺节目，使这些在死亡线上挣扎了多年的士兵们感到又新鲜又有意义。当身着舞衣的李伯钊用矫健灵巧的动作表演单人舞时，全场响起了热烈的掌声；当著名的艺术家钱壮飞和胡底登台表演时，立刻引起了轰动。胡底手拿弯头拐杖做卓别林的走路和跳动姿势，引得大家捧腹大笑，无不欢欣喜悦。

根据地人民鱼水般的军民情谊，红军内部手足般的官兵关系，极大地开阔了起义官兵的眼界，戳穿了蒋介石长期以来对红军的诬蔑。起义官兵纷纷起来揭发控诉国民党反动派的罪恶和自己所受的压迫，抒发自己参加红军的感想和决心。

联欢会后，红五军团随即开往秋溪、龙岗、横江一带进行改编。这次改编，主要是根据毛泽东的红军建设原则，从组织上、政治上和思想上进行改造，保证党的绝对领导。

董振堂带领红五军团第13军，进驻龙岗整顿。在部队进行整编和政治教育的过程中，董振堂以身作则，经常深入连队进行检查。他最关心部队对三大纪律八项注意的执行情况，常去警卫队检查询问："干部有没有打骂战士的？""有没有拿老百姓东西的？"他常教育干部说："这是一个牵涉我们部队能不能巩固的大问题。违犯三大纪律八项注意，士兵不拥护我们，老百姓也不拥护我们，吃也吃不着，穿也穿不上，在苏区待不住，就更谈不上和敌人打仗了。"

一天早上，董振堂又来到一个连队检查。远远看见一个连长在操场上打一个士兵，他当即告诉营长说："收操以后让那个连长到我那里去一下。"

收操以后，那位连长跑步到军部。他自知不对，很是害怕，一进门，腿就打起了哆嗦。董振堂见他如此害怕，便和气地让他坐下，然后说："你别怕，咱们慢慢谈。早上出操时，你为啥打那个战士？"

连长回答："那个战士做操不按要求，随随便便的。"

“这个战士是哪里人？”

“本地人。”

“当兵多长时间了？”

“3 个月了。”

“怎么来的？”

“起义以前抓来的。”

“家里都有什么人？”

“不知道。”

董振堂说：“你不了解他，也不知道他家里有什么人，他当兵才 3 个月，又是抓来的，没经过训练，你怎么能打他呢？咱们现在是红军了，不能再打人骂人。打士兵、骂士兵是违犯军纪的，咱们不是一再讲三大纪律八项注意嘛！”

连长站起身来，连声说：“是，是，是。以后再不打人了。”

董振堂见那连长知错认错，便强调说：“以后改了，不再打人就行了。如发现你再打人可不行！”

董振堂特别注意让原来的军事干部向红军中派来的政治干部学习，学习怎么爱兵、带兵。他经常讲："老红军干部给士兵打饭、端水、扛枪，关心士兵就像关心自己的亲兄弟一样，所以红军能打胜仗。"

1932年2月，为了把董振堂的第13军建成红五军团先进典型，毛泽东调何长工任第13军政委，并嘱咐何长工，到第13军后，抓紧解决董振堂的入党问题。

董振堂觉得何长工为人正派，有学问，打仗有经验，所以非常尊重他。无论是下去检查工作，还是开干部会、士兵会，总是让何长工先讲话。

一次，他们到部队开完会回到军部，董振堂意犹未尽，不顾疲劳，就请何长工讲讲当前的形势和红军的情况。

何长工觉得，董振堂虽然出身旧军人，但本质纯正，很有上进心。于是，说道："宁都起义，不但震撼中国，而且震撼世界。一个兵团起义当红军，在中国革命史上是罕见的。在革命形势低落，民族面临灭种的危急时刻，就更有意义。

"蒋介石不能幻想立刻消灭我们，我们也不能在短期内消灭他。但蒋介石不关心人民死活，置民族危亡于不顾，打内战，搞分裂，是不行的，是注定要失败的。

“中国历代农民战争的失败，是因为没有一个正确的领导。我们红军有共产党的领导，走农村包围城市的道路，经过长期的斗争，一定能够取得最后的胜利。”

在讲到官兵关系时，何长工说：“我们现在是红军了，红军部队的官兵关系，不光是上下级关系，还是同阶级的兄弟关系。红军是个大家庭，是无产阶级的一个武装革命集团。干部无论如何不能打骂战士。打骂是国民党的办法，是压迫阶级对被压迫阶级的办法。”

讲到军民关系的时候，他又说：“我们一定要和老百姓把关系搞好。我们都是从老百姓中来的，不要摆军队的架子，不能欺压老百姓，要态度和蔼，要特别注意三大纪律八项注意！”

他们一谈就是一两个小时。这些道理，在董振堂心中像是打开了一扇窗户，一下子亮堂起来了。过去苦苦思索的问题，现在终于找到了明确的答案。他感到，共产党做的事情，样样都是有道理的，所以一定会胜利；蒋介石干的事情，哪一件都不占在理上，所以定要失败。

一天，朱总司令在刘伯坚主任的陪同下来到龙岗看望部队。这是董振堂第一次见到朱总司令，就被他的朴实温厚所感动。朱总司令握着董振堂的手说："当红军好啊！"

董振堂回答："大革命失败后，苦于没有出路，我很想念刘主任，总是找不着。"

"今天，你们不是走到一起来了吗？"朱德风趣地说道。

董振堂高兴地答道："是的！抗日救亡，救国救民，没有共产党的领导是不行的。"

董振堂来到苏区后，感到这里的一切都很新鲜，浑身充满了激情，但总感到自己的知识太贫乏，革命理论和革命道理懂得太少。他对刘伯坚说："刘主任，能借一些政治书籍给我看吗？"

刘伯坚爽朗地笑着说："当然可以，而且应该多学点政治。"然后又语重心长地说，"振堂同志，今后的担子很重啊！起义成功了，只是一个好的开端，而要把一支旧军队改造成为一支英勇善战、所向无敌的红军，还得下大功夫。今后的路更长、更艰苦，直至为共产主义事业献出我们的生命。”

“刘主任，请放心。我是跟定共产党干革命，始终不渝了。”

刘伯坚给董振堂送去了《共产党宣言》《国家与革命》等马克思列宁主义书籍，毛泽东写的《中国社会各阶级的分析》以及《古田会议决议》《三大纪律八项注意》《中国工农红军政治工作暂行条例》等小册子。

董振堂一下子沉迷在革命书籍里了。《湖南农民运动考察报告》《中国社会各阶级的分析》中的革命理论像是一股股清泉，洗去了他头脑里的尘埃，吹开了他思想上的千重云雾，使他看到了一个崭新的世界。于是，他庄严地向党组织递交了入党申请书。

1932 年 3 月下旬，由何长工介绍，董振堂被批准加入了中国共产党。他无比的兴奋和激动。如何才能配得上“共产党员”这一光荣称号呢？董振堂严肃地想了好多，他觉得：加入了共产党，就要把自己的一切毫无保留地献给党、献给人民，要始终不懈地为党工作一生、战斗一生，直到献出自己宝贵的生命！

一天，他找到政委何长工："何政委，共产党人不能有私产。我在旧军队中还有3000块银圆的积蓄，存在军需官那里，我把它拿出来全部交给党组织吧！"

何长工说："共产党要铲除私有制，生产资料不能归个人所有。但必需的生活资料还是允许个人私有的。你辛辛苦苦搞了一辈子嘛，这点积蓄，是不是留下一部分，寄给你家的老人养老？"

董振堂坚持说："不用了，我就全部交党费吧！"

何长工说："不过，这个问题，等我请示了毛主席再定吧！"

董振堂十分诚恳地说："你就快去请示毛主席吧！"

不久，何长工回来对董振堂说："我已经请示过毛主席了，毛主席要我转告你，不要全交，寄一部分给家里，留一部分自己用。"

董振堂坚持说："我革命了，个人的一切都交给党了，还要钱干什么？还是全部交给党吧！听说我们党的经费很困难啊！"

"好吧！这3000块银圆，就作为你第一次向党交的党费吧！"

在中革军委的正确领导下，通过董振堂等广大干部战士的共同努力，红五军团迅速健康地成长起来了。在整编过程中，王震同志曾到红五军团工作过一周，他深有感触地写道：

"现在五军团是一天一天地向着真正工农红军的道路上走，它已经有了真正工农红军的基础了。所有这些，在士兵群众的认识和斗争情绪上都可以看出。一般战斗员的阶级觉悟和认识都很深刻，他们已经懂得只有中国共产党才能够领导他们走上革命的道路，他们已经坚决地准备着为实现苏维埃政权推翻帝国主义国民党军阀豪绅地主资产阶级的统治而奋斗，他们不愿再过国民党统治下的非人生活了……可见，五军团现在正是向工农红军的道路上走着，它的前途，一定是很有希望的。"

新生劲旅

1932 年 2 月初，红军攻打赣州的炮声在南国的上空轰鸣。红五军团的干部战士个个摩拳擦掌，跃跃欲试。听着远方的炮声，仿佛闻到了浓烈的硝烟味，纷纷写下决心书要求上前线。

赣州城已被红三军团连续攻打 20 多天，打得十分艰难。这时，中革军委命令红五军团迅速赶到赣州助战。

赣州是粤赣之间的交通要道，也是赣南经济、文化、政治、军事的中心，素有“铜赣州、铁上杭”之说。守城之敌是国民党马昆的一个旅，加上地方靖卫团，共 8000 余众。但它位于宽阔平坦的赣江平原，三面环水，易守难攻。而我军的进攻又暴露在坚城之下，对我极为不利。

红五军团决定：由赵博生率第 14 军，黄中岳率第 15 军，董振堂率第 13 军作后卫，立即赶赴前线助战。

董振堂说：“我从戎多年，身经百战，而只有今天起，打仗才是为了中国革命，才有了真正为人民而战的意义。”

此时的赣州城下，硝烟弥漫。彭德怀指挥红三军团，冒着敌人的飞机大炮和城里的机枪火力，再次向城里发起攻击。红军战士们抬着填满炸药的棺材，在强大火力的掩护下，穿过开阔地，来到城墙下。只听一声巨响，城墙在硝烟中炸塌了一角。

冲锋号响起，红军战士蜂拥着朝城边冲去。

这时，敌人的子弹又雨点般地落在开阔的平原上，一批批红军战士英勇地倒下了。不等炸墙的硝烟散去，小山似的沙包立即堵住了坍塌的墙角。

冲锋再一次失败。

于是，红军又组织战士挖地道，准备再次炸城墙。

久攻不克，相持日久。国民党军罗卓英又率两个师由吉安等地分进合击，驰援赣州。同时，敌人也有 4 个团偷渡赣江，钻进了赣州城里，守城力量增加到 2 万多人。

敌人开始反攻了。守城之敌突然向城外出击，截断了我在西门河川与城墙之间挖坑道的红 1 师部队。同时，敌人用重机枪、大炮阻止着红三军团其他部队的增援，红 1 师处在进退无路的包围之中，英勇的战士们奋力拼杀，伤亡很大。

正在这时，红五军团第 15 军及时赶到赣州城下。他们不顾两天来长途跋涉的疲劳，由黄中岳带领大刀队杀向敌人。一时间，阵地上大刀飞舞，寒光闪闪，杀声震天。

敌人被这突然降临的天兵惊呆了，许多人还没有搞清楚是怎么回事，就已人头落地。被围在狭窄的坑道里的红 1 师战士，见敌人乱了阵脚，外面杀声震天，尘土飞扬，知是援兵来了，立即组织反攻，配合增援的第 15 军，杀得敌人惊惶逃窜，躲进了赣州城里。

随后，董振堂又指挥第 13 军，迅速组织第四次爆破。他指挥战士们连夜挖地道，巧妙地接近了赣州城下。

拂晓，战士们通过挖好的地道，把炸药埋到了城墙根下，随着一声巨响，一截城楼和碉堡腾空而起。在尘土飞扬和硝烟弥漫中，冲锋号再一次响起，红五军团战士奋勇当先。没等战士们接近城根，就被敌人密集强大的火力压下来了。

攻城又一次失败。

3月7日，接军委命令，全军撤出赣州。

红五军团助攻赣州城，初露锋芒，检验了红五军团的战斗作风和作战能力。

红五军团回到根据地后，中革军委决定对一、三、五军团实行整编，原属五军团的第14军调给了三军团，第15军调给了一军团，只留下第13军和红3军合编为红五军团。合编的五军团，季振同为总指挥，董振堂为副总指挥兼第13军军长，何长工为军政治委员。

董振堂在分编动员的干部会议上说："我们红五军团，刚参加红军不久，以前我们是一支旧军阀部队，染有不少恶习，军阀制度的残余还未消除。同时，我们对革命的理论，革命的战争，革命的群众工作，军队的政治思想工作，均了解甚少，因此，分编后，使我们有更多的机会向老大哥的一、三军团干部和战士学习。"

3月中旬，整编后的一、五军团根据毛泽东的提议组成中路军（不久又改为东路军），挥师向东，开辟闽西革命根据地。

毛泽东说："东征福建是以实际行动抗击日本帝国主义的侵略，并且可以发展和扩大革命根据地。"

董振堂对毛泽东同志在一、二、三次反"围剿"中的战略战术，早有所闻，他很钦佩毛泽东同志的军事指挥天才。

一次，董振堂悄悄地问刘伯坚："刘主任，毛主席是外国什么军事学院毕业的吧？"

刘伯坚笑了笑说："什么军事学院，他的指挥天才是在斗争中学来的，是用马克思主义的辩证法去继承和学习《孙子兵法》的结晶。如果说他有什么天才的话，就是反对教条主义，善于将革命的理论和革命的实践相结合，制定出符合中国国情的战略战术和方针。"

红一、红五军团在毛泽东、朱德的正确指挥下，一路东征，势如破竹，连续打下了龙岩、漳州等地，歼灭福建军阀张贞的49师145旅和146

旅，加上地方靖卫团、保安队共9000多人，缴获甚多，其中还包括两架飞机。

毛泽东幽默地说："有人说我们红军只会关门打狗，怀疑我们在白区不能打仗，可是你们看，我们在白区不是打得蛮好嘛！"

漳州之战的胜利，红五军团第一次立下赫赫战功。

正当红一、红五军团在闽西连战皆捷的时候，蒋介石不甘心第三次"围剿"红军的失败，于5月中旬，调集6个师，在何应钦的指挥下，对彭德怀率领西征的红三军团进行"围剿"。同时，又以让出大余钨矿为条件，诱使广东粤军出动两个师的兵力"围剿"我赣南根据地。粤军侵占了信丰后，又准备向于都窥进。

此时，苏区中央决定恢复红一方面军番号，朱德兼一方面军总司令，王稼祥兼一方面军政治部主任。红一方面军辖红一、红三、红五军团。毛泽东同志随一军团行动。

季振同、董振堂率红五军团冒着酷暑，昼夜兼程，迅速赶到赣南地区。根据一方面军总部的指示，红五军团召开师以上军事干部会议分析敌情，研究作战计划。

董振堂站在军事地图前介绍敌情：“粤军第一军军长余汉谋以 12 个团的兵力侵占了赣南的赣州、南康、大余、上犹、杨梅岭、信丰，另有 6 个团驻在广东和江西交界处的南雄附近。目前，赣州以北有蒋介石的 5 个师，湘南有何键的两个师，彭德怀同志率红三军团与敌人周旋。所以，军委命令我们，和一军团一道，由信丰南进南雄，造成我主力红军直下岭南、捣韶关、取广州、端粤军老窝之势，迫使粤军南撤，然后，在粤军南撤路上，集中我红军主力，以优势兵力，握紧拳头，给余汉谋沉重的一击。”

刘伯坚接着说：“这个战略计划是十分正确的。我们红五军团一定要打好这一仗。这一仗的胜败关系着中央革命根据地的存亡，必须尽一切努力，夺取战争的全面胜利。”

董振堂严肃而兴奋地说：“请同志们想一想，从我们当红军以来，深受党和人民的厚爱，却没有打过一次漂亮仗，这一仗对我们红五军团来说格外有意义。军委把我们放在刀刃上，也是对我们的信任。”

师长边章五激动地说：“战士们早憋足了劲儿，想打大仗。这一回咱们的大刀片，要把粤军杀个失魂丢胆，片甲无存。”

刘伯坚说：“对！这一仗是毛泽东同志、朱德同志亲自指挥的，一定要打好这一仗，为红五军团争光！”

大余、信丰之南，南雄、水口之北，是雄奇险峻的南岭山脉和大庾岭，犹如一道青山屏障，南国雄关的大门。闻名于世的大、小梅岭，就在江西与广东的交界处。

7 月初的一天，就在红一、红五军团取道南下时，红三军团在大余县池江镇，与粤军 4 个团遭遇，揭开了南雄水口战役的序幕。

激战半日，粤军退守大余县城。

一方面军指挥部判断，退守大余的敌人可能要逃往南雄，命令红一、红五军团即刻开向梅关、中站一线，准备在中站附近将敌人围而歼之。

红一军团捷足先登，首先占领了梅关。

红三军团围攻大余，遇粤军据险固守，形成对峙。由于有情报说，大余守敌已经逃跑，方面军指挥部命令红五军团飞插南雄，阻击南雄之敌。

红五军团冒着酷暑翻山越岭，克服重重困难，迅速向南雄插进。正在行军间，又接到北返的命令，说是粤军第4师离开了信丰地区，正向南逃窜，已到达了九渡水。指挥部命令五军团迅速返回湖口待命。

战机在南北奔跑中酝酿。一场第二次国内革命战争中罕见的恶战，就在这炎炎烈日之下，绵延起伏的群山中，如暴风骤雨般到来。

7月7日，粤军第4师已抵达广东南雄的乌迳镇。陈济棠立即令粤军独立第3师、第5师驰援南雄，并以部分兵力攻击中站，牵制我红一军团主力。

红一方面军指挥部令林彪和聂荣臻统一指挥红一、红三军团和第12军，准备歼灭南雄出犯之敌；令董振堂、萧劲光指挥红五军团和独立第3、第6师，负责围歼粤军第4师。

赤日炎炎，几经跋涉的红五军团战士们仍然斗志旺盛。

8日凌晨，部队正在行军途中，一个侦察兵满头大汗地前来报告说："粤军第4师由浈水南岸向南雄逃窜，估计今日中午将到达水口圩。"

董振堂和萧劲光、刘伯坚商量："方面军令我军向乌迳方向前进，现粤军第4师已南逃水口圩，我们必须改变方向，迅速占领水口圩附近高地，围歼逃敌。"

董振堂一面电告总指挥部朱德、毛泽东同志，一面命令部队迅速转向水口圩方向。董振堂命令道："跑步前进，一定要抢在敌人之前到达水口圩。"

下午，红五军团刚走到水口圩以东的蓊过村，就与敌人遭遇了。我军在北岸，敌军在南岸，战斗隔河打响。炮弹落在小河里，激起一排排水柱。

红五军团以猛烈的炮火封锁了南岸的道路，敌人立即撤向路边的半山坡。

董振堂、何长工率第13军正面进攻，红3军军长徐彦刚率部由左翼渡过水流湍急的浈水绕道敌后。两面夹击，奋勇冲锋，很快击溃了粤军的两个团。

夜幕降临时，枪声渐渐稀疏了下来。敌人乘着夜色，后撤到水口圩隐蔽了起来。

9 日凌晨，蒻过村附近山坡，到处都是敌人的尸体和丢下的枪支、衣服……

这时，侦察员跑来报告说："敌人已向南雄逃跑了。"

红五军团接到报告后，立即向一方面军指挥部报告了"敌人已南逃南雄"的情报，自己则继续向水口圩方向前进。

狡猾的敌人根本没有南逃，而是龟缩在水口圩附近山林里死守待援。

一方面军接到红五军团的误报后，立即改变了红一军团和第 12 军增援水口的指令。而此时，南雄的粤军第 3 师和独立 3 旅正紧急驰援水口圩。

9 日中午，敌人的援军与第 4 师会合了。敌人立即以优势兵力潮水般地向红五军团阵地压了过来。

"不能让一个敌人逃掉！"董振堂严厉地命令着。

一场空前的恶战在水口圩前展开了。浈水两

岸，枪声、喊杀声如雷鸣山谷，尘土硝烟，遮天蔽日。

董振堂沉着镇定指挥着战斗。猛烈的炮火，密集的弹雨，打倒了一排排的敌人，但很快，敌人又黑压压地冲了上来。

“大刀队上！”董振堂命令道。

边章五脱掉衣服，光着上身，带着大刀队冲出了阵地。

“杀！”大刀队冲到敌群，勇士们挥舞大刀，奋力拼杀。战士们不知道自己杀死了多少敌人，刀刃砍卷了，丢下大刀继续和敌人肉搏。

阵地上，尸积如山，血流成河，敌人仍然像疯了一样，黑压压的一群又一群地冲了上来。

董振堂见状也吃惊了。他在内心问自己，怎么3个团的敌人会越杀越多了？到底有多少敌人呢？他心里没数了。心里隐隐地感到自己作出了错误的判断，影响了战局，敌人不但没有逃往南雄，可能增援部队也赶到了。战局将更为严峻，但他立即决定，无论有多大艰险，决不能让敌人南逃。

从下午一直杀到黄昏，他已经不清楚带领部

队冲杀了多少次。

董振堂坚定地命令着:“不怕一切牺牲，不让敌人从水口逃走。”

前沿阵地的红军战士一个个倒下去了，机枪也哑了，缺了口、卷了刃的大刀遍地皆是。不一会儿，敌人抢占了前沿阵地。

董振堂大吼一声:“预备队跟我上。”

警卫员高志中上前拉住董振堂:“首长，你不能上！危险！”

董振堂愤怒地推开小高:“怕死当什么红军！”他翻身上马，挥舞大刀冲了上去，后面跟着一个团的预备队。

“杀！”敌人在前沿阵地还没站住脚，红军又从树林里杀出。阵地前，大刀翻飞，寒光闪闪，战士们奋力拼杀。然而，杀退一层又一层，敌人始终顽固地抵抗着。预备队的战士在拼杀中也大多饮弹倒下去了。

正在危急之时，左、右两侧又杀出两队红军来。原来是陈毅率独立 3 师和 6 师赶到了，解了红五军团之危。

黄昏时分，杀退了敌人，双方各自回到自己的阵地。

夜，漆黑一片，静悄悄的，白天喊杀的喧嚣声沉寂了下来。红军战士数天来冒着酷暑长途跋涉，两天来的拼杀，已是疲惫至极。他们倒在阵地上，立刻就睡着了，醒来一摸才知自己是睡在死尸上。战士们又渴又乏，捧一捧水喝一口，却是满口的血腥味。

董振堂、何长工、萧劲光、徐彦刚、陈毅都是满身血污。他们顾不上休息，仍在商量着明天的战斗。

董振堂说："这 3 个团怎么这样经打，我想是不是敌情有变？"

陈毅笑着说："啥子 3 个团啊！敌人从南雄增援粤军第 4 师，他们今天实际上是 9 个团 1 万多人。这些龟儿子，不是凭着优势敢这样拼杀吗？"

指挥员们都长长地舒了一口气："好险呀！"红五军团当时参战仅 6000 多人（缺一个师），阻击了妄图夺路南逃的粤军 1 万多人。

10 日凌晨，红一军团和 12 军经过一夜的急行军，在天亮之前赶到水口，与红五军团、独立第3、第6师会合了。

战斗又打响了。一场混战，拼杀、肉搏，在浈水河畔掀起一股冲天的气浪。红军英勇拼杀，激战数小时，粤军伤亡大半，残部在慌乱中逃窜。

水口一战，共击溃粤军15个团，给入赣粤军以沉重的打击，稳定了中央苏区南翼。红五军团能打硬仗、打恶仗的名声从此大振，他们的英勇顽强使敌人闻之丧胆。

粤军在这次重创后，全军撤出赣南，在之后的很长一段时间，都不敢轻举妄动侵犯赣南我苏区根据地。

战友情深

水口战役胜利的捷报传开，中华苏维埃临时中央政府发来了热情洋溢的贺电，中国共产党苏区中央局也于7月15日发表了《告前线红军战士书》，对水口大战给予了充分的肯定和高度的评价，指出：水口战役“肉搏三昼夜，先后击败素称顽强的粤敌 15 个团，使广东军阀闻风丧胆，极大地震撼了全国的反动统治”。号召红军广大指战员：“继续猛进，冲锋复冲锋，掀起中国苏维埃革命的洪涛汹涌澎湃，淹没帝国主义国民党的血腥统治！”

8 月初，中央局在兴国召开会议，决定：第 3 军编回红一军团，第 15 军归建红五军团。

在革命队伍中，一批批革命战士经常受到那些有胆有略、志存高远、高风亮节的领导人的影响，受到人类历史上最纯洁、最温暖、最民主的党组织关怀。经过不断的血与火的考验，他们迅速成长起来。从 13 岁就一直跟随在董振堂身边当警卫员的高志中进步非常快。1932 年高志中入党了，不久就由警卫排副排长提升为警卫队副队长。水口战役后，上级研究决定，让高志中到 37 团当副团长。小高接到命令，首先从感情上舍不得离开跟随多年的老首长董振堂；另外，由于王明“左”倾错误的影响，肃反不断扩大化，他担心离开后老首长不知会遇上什么事情。

这天早上，他带着重重的顾虑，来到军团部找董振堂。见到军团长以后，高志中再三申述自己不能当副团长的理由。

董振堂劝导他说："去吧，组织上已经研究决定了。你下去以后，要注意这样几条，第一，要把兵带好，要让你领导的干部战士和你一条心，爱护士兵要像爱护自己的亲兄弟一样。第二，遇事要沉住气，要稳当，特别是在单独执行任务时，要深思熟虑，既要考虑到前进的道路，也要考虑到后退的道路。第三，要很好地向老红军学习，向下面的同志学习，不要有自高自大的情绪。第四，要模范地执行红军的纪律，没有纪律就不可能把兵带好，也不可能打胜仗。这 4 条你一定要记住，以后有什么事情再来找我。"

说完，他拿出一个半旧的皮包和一双银筷子，送给高志中，说："你现在离开我了，给你点纪念品吧。我没有别的，把这个皮包和这双筷子送给你吧！"

小高说："你把望远镜给我一个吧！我下去工

作没有望远镜不行啊！另外，你把那支旁开门的二十响也送给我吧！”

小高知道，军团长有两支枪和两架望远镜。一架望远镜是德国造蔡斯牌的，各方面都好一些；另一架是高脚望远镜，笨一些。董振堂当即把那架德国造的蔡斯牌望远镜和那支旁开门的二十响手枪拿出来给了小高，说：“这两样东西都是我喜爱的，都送给你吧！”

不久，红五军团撤离广东南雄水口，回师江西革命根据地。董振堂和赵博生在行军途中，心里都惦念着季振同和黄中岳。对前不久肃反中的“季黄案件”，他们心中忧虑重重，由此联想到自己的处境，难免生出许多心事来。由于中央苏区肃反扩大化，加之季振同、黄中岳等人对红五军团的作战行动持不同意见，季振同、黄中岳等人在5月份先后被关押立案审查了。

他们被关押后不久，便被列为当时中央苏区肃反的一起重大案件，组织专案人员开始审理。这些情况，董振堂和赵博生知道一些。但审理的结果究竟怎样呢？他们无从得知。部队经过长途行军，回到江西革命根据地时，已到12月14日，恰好是红五军团成立一周年纪念日。

中革军委召开了纪念大会，表彰董振堂、赵博生和红五军团的巨大成绩。给许多立下战功的干部战士评了功、颁了奖，并分别授予董振堂、赵博生红旗勋章，以资鼓励。

1933年新春，蒋介石在第三次“围剿”失败之后，紧接着又准备对中央苏区发动第四次“围剿”。在大规模的进攻开始之前，先来了一次试探性的进攻，敌人直扑金溪、南城一带苏区，企图围歼红军主力一、三军团。总司令部根据敌情，决定在金溪与南城之间的黄狮渡一带山林地区设伏，集中红军主力坚决、彻底、干净地消灭这股前来侵犯的敌人！

1月4日，按照总司令部的作战部署，董振堂率红五军团13军和14军向黄狮渡前进，准备参加主力红军与敌决战。赵博生带红五军团15军，急行军直奔张员庙，在那里进行阻击，牵制3倍于我的敌之右路，以保证黄狮渡战斗的胜利。

两路部队分道时，董振堂拉着赵博生的手，

感情深沉地说："老伙计啊！咱俩一直是左右手，每次战斗从来没分开过，没想到这回要分开了。说真心话吧，整天在一起并不觉得，可是猛地要分开，心里还真不是滋味啊！"

赵博生也很动感情地说："是啊！我也真有点舍不得和你分开呀！不过，这只是短暂的，等打完了这一仗，我们还会在一起的！"

"那好吧！我在黄狮渡等你的好消息！"

"我在张员庙等你的捷报！"

两个老战友满怀深情，握手告别后，各自打马从不同方向追赶部队去了。

黄狮渡战斗打得很顺利，击溃敌左路军两个师。战斗刚一结束，董振堂留下地方部队和前来参战的老百姓打扫战场，带领主力红军又迅速向敌右路军的侧翼迂回包抄过去。一路上董振堂心情很急迫，麾师急进。

当董振堂率部赶到时，就听到赵博生将军英勇牺牲的噩耗……作为赵博生的亲密战友，董振堂无限悲痛！

原来，在红五军团副总指挥赵博生的周密

部署下，15 军在张员庙一带给敌人以沉重的打击，击伤敌旅长周至柔，俘敌 2000 余名，缴枪 2000 余支，夺获辎重无数。然而，就在 1 月 8 日的激烈战斗中，赵博生亲临前线指挥冲锋时，不幸被敌人的炮弹炸中右额，壮烈牺牲。

自从赵博生牺牲以后，董振堂一直在想，如果季振同和黄中岳再有个三长两短，那么宁都起义的几个主要将领，就只剩下他一个人了。最近部队里也经常传出一些风言风语，说共产党并不信任宁都起义过来的董振堂、赵博生、季振同、黄中岳以及他们下面的干部等。这些说法虽属流言蜚语，不足为信，但对人的思想或多或少是会有影响的。

董振堂是一个性格内向、深沉执着的人，他经常对一些错误的说法给予严肃的批评，及时纠正那些危害红军内部团结的不健康的倾向，但他自己偶尔也会产生一些内心的波动。特别是在赵博生牺牲后，他对季振同、黄中岳的命运就越来越关切了。然而，在这个重大问题上，对于处在当时特定的政治气氛和特殊的复杂环境中的董振堂来说，别说替季振同和黄中岳去讲一两句公道话，即使是对于他自己的前途和命运，他心里也没个底儿呀！董振堂一直担心的事情，最终还发生了。

由于肃反扩大化，江西苏区秘密处决了一批在押案犯，季振同、黄中岳等人在长征前夕全部被错误杀害了。董振堂听到这个消息，仿佛被一声闷雷轰碎了心，浑身软得没有一点劲儿。

05 百战生死

长征之路

1933 年 9 月，蒋介石调集 50 万大军、出动 200 多架飞机，分几路向我中央苏区发起第五次“围剿”。北路有顾祝同，西路有何键，南路有陈济棠，东路有蒋鼎文，他们采取持久战和“堡垒主义”的新战略，向中央革命根据地层层压缩，以达到消灭中央苏区的目的。

1934 年 1 月，红一方面军改称中央红军。由于“左”倾教条主义者的错误领导，中央红军从第五次反“围剿”一开始就陷入被动的境地。4 月的广昌战役后，敌人第一路军由泰和向兴国突进，第二路军由藤田向古龙岗推进，第三路军向宁都石城进攻，中央革命根据地范围越来越小。

此时，董振堂率领红五军团正在兴国一线御敌。一天，军团部分来了一位刚从红军大学政治科毕业的干部谢良。董振堂和政委李卓然正好从里屋走了出来，见到后，热情地握着谢良的手，说："你来得正好，欢迎你到我们这里来工作！"接着，董振堂问了谢良在红军大学学习的情况，然后简要地向他介绍说："我们面前是国民党的 5 师、13 师、28 师、96 师、98 师和 99 师。敌人这次从泰和打到兴国，在这 200 多里的地方，攻打两个多月了，仗打得很激烈，也打得很艰苦。"

说到这里，他似乎有些不悦，停了一会儿又继续说："我们的伤亡大，消耗也很大，基本上没有缴获，也没有补充。部队一年多没下火线，在战壕里吃，在战壕里住，节节后退，一直得不到休整的机会……"

话语中，董振堂对第五次反"围剿"的"左"倾军事错误非常不满。但是，由于当时的肃反扩大化，又面对这个新到的下级干部，他的话不得不说得含蓄，并且故意回避了对整个第五次反“围剿”形势的分析。最后，他嘱咐谢良说：“目前，大家都憋了一肚子气，有急躁情绪，因此，要注意加强部队的思想政治工作。”

谢良被分配到 13 师 37 团当政治委员。

1934 年 10 月，由于第五次反“围剿”的失败，中央红军被迫离开建设多年的江西革命根据地，踏上了漫长而艰险的长征之路。

红军长征一开始，红五军团就担任全军的后卫，肩负着繁重的掩护任务。由于部队转移时携带着大批笨重的辎重和庞大的后方机关，向西突围途中，虽然勉强通过了敌人在赣南、粤北、湘南设下的 3 道封锁线，但一路行动缓慢，造成极大的损失。

红五军团守卫在突围部队的后面，被敌人紧紧咬住屁股不放，部队不分昼夜地边阻击边撤退，吃不好，睡不好，人员急剧减少，给养补充又跟不上，经常处于十分被动困难的境地。

尤其是突破敌人的第 4 道封锁线时，董振堂带领红五军团 13 师，经过一夜的急行军，刚刚掩护主力部队渡过了湘江，对岸又响起了激烈的枪炮声，敌人向守护在后方的34师发起了新的进攻。湘江被炮火映红了，江面上弥漫着硝烟。当江对岸的枪炮声渐渐稀疏下来时，人们的心里都明白，为了掩护全军突破湘江天险，红五军团34师在阵地上与强敌激战三天三夜，至此全军覆没了！

掩护全军突破敌人的4道封锁线，红五军团付出了多么惨重的代价啊！往后的担子更重了。阻击强大的敌人，掩护全军胜利突围的任务，就只能靠13师仅有的37和39两个战斗团的人马了！

人们怀着极其复杂的心情，迈着十分沉重的脚步，没有笑声，没有话语，一路默默地继续向西前行。部队突破敌人的层层封锁进入贵州后，敌人仍然紧紧尾追不放。

一天，红五军团又遭到敌人优势兵力的追击。由于部队弹药缺乏，几次阻击拦截都未能奏效。董振堂命令大刀队带着仅有的手榴弹埋伏在山腰的草丛中，又令一部分持枪的战士，在山顶故意暴露，装作停止战斗的模样。

敌人发现后，一窝蜂似的向山上冲。待敌人冲到半山腰时，董振堂一声令下，一颗颗手榴弹像流星投向敌群，炸得敌人血肉横飞。董振堂乘势率部出击，猛打猛冲 10 余里，一下子改变了被追击和挨打的局面，确保了西进主力部队的安全。

1934 年 12 月下旬，部队到达贵州黄平县，军团决定在这里作短暂休整。13 师 37 团政委谢良和团长王彦秉来到军团部汇报工作。王团长说：“战士们打得太苦了，希望能休息一下，哪怕是几天也好。”

“是啊！从江西出发，两个多月了，走了好几个省，部队一直行军、打仗，没有休整的机会，特别是你们 37 团，一直担任着五军团的后卫，够疲劳的了。”董振堂站起身来说，“这种现状很快就会得到改变的。刚接到军委的电报，要我们在这里休息三天，进行整编。”

“整编？”王彦秉和谢良都喜出望外。

“对，整编。”董振堂点点头，兴奋地说，“听说这是毛主席的意见。”

“这真是个好消息！只要毛主席来指挥，咱们准保打胜仗！”王彦秉激动起来。

“是啊，毛主席真是想到我们心里去了！”董振堂补充道，“这次整编提得很及时，两个月来的事实不是很清楚吗？我们的部队不够战斗化，不能适应当前的情况，携带的东西太多，什么坛坛罐罐都带着，像大搬家似的。走不动，不能有效地集中兵力、机动灵活地消灭敌人，当然就要处处挨打……”

王彦秉十分赞同：“对呀！不说别的，就说抬了那么多的机器，既不能吃，又不能用，哪像是打仗的样子？过湘江，过老山界，我们为那些家伙吃了多少苦头啊！”提起过湘江，谢良油然想起被阻隔在江那边的兄弟部队，便随口问道：“34 师有什么消息吗？”

董振堂心情沉重地说：“没有。过老山界前还收到过他们的电报，后来就再也联系不上了！”接着，便是一阵长时间的沉默。

这时，谢良才后悔不该提起这件使军团长十分痛心的事。他知道，由于 34 师未能渡过湘江，军团长曾焦急得好几天吃不下饭，睡不着觉。如今时间虽然过了近一个月，但一提起这件事，他的心情还是十分沉重。

还是王彦秉打破了这种难堪的沉默。他站起来说："34 师没有过得了湘江，就是由于我们舍不得坛坛罐罐的结果。不集中兵力去消灭敌人的有生力量，消极避战，搬家逃跑，就只有被动挨打，使自己遭受损失。"

"这是血的教训。所以，现在军委才决定整编部队。"董振堂又坐到自己的椅子上。

王彦秉有点性急，插嘴问道："军团长，咱们怎么整编呢？"

"军委按照毛主席的想法，决定撤销五军团师一级的机构，精简机关，充实连队，并把八军团和五军团合编，两个团并成一个团，两个连并成一个连。这样，每个连队将有一百五六十人，战斗力又会很强了。"

"我们又要恢复老传统了，大踏步地前进，大踏步地后退，打运动战！"谢良高兴地说道。

铁流后卫

黎平整编以后，红五军团的战士们情绪高昂，打了许多行军用的草鞋，有的还特意用红绳子做个小绒球，扎在草鞋上，远远看去像是一朵朵小红花。董振堂紧锁的眉头也舒展了很多。

长征以来，董振堂就很少骑马，他的马上经常驮的是伤病员，现在他就更不骑了。他时常和警卫连、通讯连走在一起，利用行军时间和他们谈话，了解战士们的思想情绪和生活情况。

1935 年 1 月，红军先头部队攻下了遵义城，红五军团立即在遵义东南方向布防。这时，董振堂和政委李卓然接到参加遵义会议的通知。因为董振堂要指挥布置和检查部队的设防情况，李卓然只好先行了一步。

当李卓然赶到遵义城时，会议已经开始，博古已作完了总结报告。晚上，李卓然来到毛主席和王稼祥的住处，汇报五军团后卫部队的工作情况。见到毛主席，李卓然说：“这种搬家式的行军真没有办法，前面的部队走不动，我们后卫部队的压力就更大了。敌人来势凶猛，又不分昼夜地追杀，部队有时一个晚上只能走几里路，又不能睡觉，干部战士都很不满意！”

毛主席听完后，说：“后卫部队的这些情况，明天你们可以在会上讲一讲。”

第二天，董振堂赶来参加会议。会议讨论时，董振堂和李卓然分别向到会的同志汇报了五军团担任后卫遇到的困难和遭受的损失，认为是军事指挥上的不得力造成的。参加会议的多数同志认为，应该立即撤换博古等同志的军事领导职务，董振堂、李卓然都表示十分赞成。

遵义会议上，军事指挥上的“左”倾错误路线得到批判和纠正，撤换了博古等同志的领导职务，肯定了以毛泽东同志为代表的正确军事路线，重新确立了毛泽东在党中央的领导地位。

会议刚一结束，董振堂就连夜赶回部队，他要把这一好消息赶快传达给部队。

在五军团的全体干部会上，董振堂声音洪亮地说："同志们！报告大家一个好消息，党中央在遵义召开了政治局扩大会议，毛主席又回来领导咱们啦！"

会场上顿时爆发出长时间的掌声。等了好长一阵，董振堂见大家激动的情绪稍稍平静，才开始传达遵义会议决议的主要精神。

他说："在第五次反'围剿'中，我们本应该集中优势兵力，选择敌人的薄弱环节，在运动中有把握地去消灭敌人的一部或大部，各个击破敌人，最后彻底粉碎敌人的'围剿'。然而，'左'倾路线的领导者们却错误地估计了形势，说什么要'御敌于国门之外'，'以堡垒对堡垒'，采取冒险主义的做法，以阵地战代替运动战，以消耗战代替歼灭战，这样一来，敌人的堡垒主义战术得逞了，我们的主力红军遭到了严重损失，最后不得不退出中央革命根据地。"

停了一会儿，董振堂继续说道："红军离开中央革命根据地后，'左'倾路线的领导者，又把突围变成惊慌失措的逃跑和搬家式的行动，庞大的后方机关，大批的辎重物资，也给行军、作战带来了极大的困难，使战斗部队几乎都成了掩护队，到处被动地打掩护，根本无法主动地消灭敌人，从而使红军受到很大损失。由于部队得不到休息和补充，以致减员达到了空前的程度。”

接着，董振堂又坚定地说道：“同志们！现在，遵义会议结束了‘左’倾路线在党内的统治，有了毛主席的英明领导，眼前的困难是完全可以克服的。我们相信，在毛主席为首的党中央的领导下，咱们中国工农红军一定能够战胜困难，胜利前进！”

干部会结束后，董振堂回到军团部，高志中来看望他。这个早期一直跟在董振堂身边的警卫队长，下部队当了一段时间的副团长，到贵州都匀后，又调回军团部当警卫队队长来了。虽然警卫队的驻地离军团部只有两三里路，但由于军团长忙于部署阻击尾追敌人的战斗，他一直未能和自己的老首长见面畅谈。高志中发现，长征以来，军团长第一次这样高兴和激动。

临走前，高志中说：“军团长，听说刘振亚病了。”董振堂点点头，表示他已经知道。

刘振亚，这个宁都起义前26路军的地下党特支书记，这个在困难时期仍然和党组织保持着联系的优秀共产党员，是董振堂政治上的启蒙人和引路人。起义之后，他曾经在军团部当侦察科科长。前些日子，董振堂听到刘振亚生病的消息，想去看他，却一直抽不出时间。他问高志中："我也没有时间去看他，你去看过他没有？"

"看过了，看来他的病不轻呢！"

董振堂把警卫员叫过来，要过自己的皮包，从里面拿出20块钱，交给高志中："你给刘振亚送去，让他想办法吃点东西。他是宁都起义的老同志。"

高志中到了五军团卫生部医院，见刘振亚躺在病床上，脸色十分憔悴。他把军团长的问候转达给刘振亚，然后把钱递给他说："这是军团长让你买东西补养身体的！"

刘振亚摆摆手说："你把钱给军团长送回去吧！他也没有钱了。"

"收下吧，你又不是不知道军团长的脾气。"

说着，高志中硬把钱塞给了他。

几天以后，刘振亚病逝了。董振堂闻讯，立刻赶到医院，向这位优秀的共产党员告别。艰苦的生活，可恶的病魔，在红军将要走向胜利，走向光明的时刻，过早地夺去了这位年轻共产党员的宝贵生命。

遵义会议之后，红五军团仍然继续担任后卫任务。一天，红军主力部队到了金沙江边皎平渡附近，五军团奉命在渡口以南的石板河一带布防，掩护主力北渡。

石板河背靠一座上60里下50里的大山，山那边就是波浪翻滚的金沙江。董振堂看过地形，高兴地对同志们说："虽然敌人可能把主力调来攻打我们，但没有什么了不起。我们可以采取节节抵抗的打法，这座山就会给我们帮大忙。"

董振堂决定，在每个山头上配置20人左右的战斗小分队。这样，既可以有效地减少敌人炮火的杀伤，又能不断地给敌人以有力的打击。各分队阻击一定的时间之后，再分别后撤一段距离。

在五军团的节节抗击下，敌人每天只能前进

七八里。

打到第五天，敌人两个纵队麇集山下，形势突然变得严峻起来。这时，接到中革军委命令：要求红五军团必须在石板河一线坚守九天九夜！

次日，毛主席特地派红军总政治部代主任李富春从江北返回石板河，来到五军团传达和解释中央的命令。

李富春向大家传达了中央的指示，并介绍红军渡江的情况："原先，全军准备从 3 个渡口过金沙江。现在，三军团在驿江渡口只过去了一个团，因水流太急，架设的浮桥被洪水冲垮了，不能继续渡江。一军团在龙街渡口做渡江准备时，被敌人发现。由于那里江面太宽，容易受到敌人飞机的袭击，也不能渡江。如今只有皎平渡这一个渡口能够通船。全军所有人马都要从这里过江，短时间是不行的……所以，中央要求你们再坚守几天，坚决阻击敌人，保护部队过江！"

董振堂插话说："我们五军团一定坚决完成这个艰巨而光荣的任务！"

"是啊，你们已经在这里坚守了六天六夜了，极大地阻击了敌人，还要再坚守三天三夜，敌人会更加疯狂的。敌人的兵力要比你们多几倍呀！但是，不管任务如何艰巨，同志们一定要完成任务，保证全军胜利渡江。”

说到这里，李富春提高语调，大声说道：“毛主席要我转告同志们，中央相信你们是能够完成这个光荣而艰巨的任务的。希望同志们发扬以一当十，以十当百的顽强战斗精神，为革命建立功绩！”

董振堂站起来对大家说：“我们北面是金沙江，南面是敌人，我们是背水作战，任务完成得好坏，直接关系到全军的安危。大家回去告诉部队，一定要坚守住阵地，人在阵地在，就是五军团打光了，也要保证中央和全军胜利渡江！”

“人在阵地在！坚决完成任务！”

“不要说三天三夜，就是十天十夜我们也坚决守住！”

敌人又开始向五军团前沿阵地打炮了，这是敌人进攻的前奏。董振堂指挥战士们躲到山背后观察，待敌人炮火一停，各级指战员迅速进入工事，阻击向山上冲锋的敌人。敌人进攻了多次，只能是

在阵地前沿丢下更多尸体。

到第九天傍晚，接到中央撤退的命令，董振堂指挥全部人马连夜渡过金沙江。敌人的尾追又一次宣告破产。

顾全大局

红五军团掩护主力部队北渡金沙江后，继续担任后卫随大军北上。

1935 年 6 月中旬，中央红军在四川理县、懋功一带，与红四方面军会师。这是红军长征以来，两个方面军首次会师。不久，中央红军恢复红一方面军番号，中央红军的第一、第三、第五、第九军团依次改为第 1、第 3、第 5、第 32 军，董振堂任第 5 军军长。

根据中央的决定，红一、红四方面军分左、右两路北上：右路由一方面军的第 1、第 3 军和四方面军的第 4 军、第 30 军组成，在毛主席、周副主席和党中央的率领下，从毛儿盖出发，经班佑、包座，出腊子口到甘南。左路由四方面军的第9军、第31军、第33军和一方面军的第5军、第32军组成，由朱德总司令、刘伯承参谋长和当时身居红军总政委要职的张国焘率领，从卓克基出发，准备经查理寺、阿坝，到班佑、包座，与右路军会合，然后一同北上。

8月20日，中央政治局在毛儿盖召开会议。会上，毛泽东等中央领导人与张国焘主张的向西部边远地区逃跑的错误路线进行了坚决的斗争，挫败了其分裂红军的企图，通过了继续北上抗日的决定。

过草地时，董振堂率领的第5军变为左路军的前卫。当第5军的前卫37团到达噶曲河边的时候，突然接到左路军总部“立即返回阿坝待命”的命令。再有3天的路程就能到达班佑和毛主席、党中央会合了，为什么不继续前进却中途折回呢？第5军的广大指战员们顿感疑虑重重。

第5军撤回阿坝之后，张国焘命令营以上干部到中阿坝开会。在这个会上，张国焘大放厥词，攻击北上抗日是无止境的逃跑，是机会主义，不冻死也会饿死，并公然诬蔑5军的干部："你们中间有没有机会主义分子啊？你们戴的那顶小五角帽，就是机会主义的帽子。机会主义帽子底下就没有机会主义的脑袋？就没有机会主义的思想？我不相信！"

张国焘擅自召开的阿坝会议，在四方面军一些同志中起了很坏的作用。他们当中的少数人，在张国焘的欺骗和煽动下，对5军的干部战士横加欺辱，说5军是"右倾逃跑""机会主义"，骂戴眼镜的知识分子是"会写漂亮字，会说漂亮话的假革命、反革命"。

为了正确分析和处理阿坝会议之后发生的这些反常情况，董振堂找政治部主任曾日山和保卫局长欧阳毅开会研究，并指出："他们中少数人受了煽动，故意找事，我们要和他们讲道理，把情况如实地向他们的领导人反映，要求他们处理和制止。但不要把情况向下面扩散，要警惕和避免事态扩大、发生冲突，否则就会上当！就会使亲者痛仇者快！"

随后，欧阳毅把发生的一些事情，实事求是

地写成报告，要求总部、四方面军和5军联合调查纠正。朱德总司令当场就说：“这意见很好！欧阳毅同志这意见很好！”但张国焘却依仗他兵多枪多，拒不理睬，还严密控制着第5军的行动，就连朱总司令和他的参谋人员也失去了行动自由。

当时，第5军军部还控制着一部电台，不久也被张国焘下令没收了电台和密码本。从此，第5军便和中央失去了联系。

有的同志忍无可忍了，说道：“我们5军单独北上，找毛主席、党中央去，要是张国焘阻挠我们执行毛主席、党中央的命令，不让我们北上，就跟他干！难道咱们还怕他不成？”

董振堂沉默着，他不能不考虑当前的形势和大局，不能不考虑5军广大将士的安危。此时，他是多么希望能找敬爱的朱总司令谈谈啊！

一天下午，朱总司令到5军来了。他面容显得苍老而憔悴，两鬓增添了许多白发，额上的几道皱纹更加明显。在失去自由的那些日子里，他的心情是多么沉重！现在虽不能说他已经完全自由了，但是，总算可以出来走一走，和同志们见见面了。

与5军的领导相互问候之后，董振堂立刻通知营以上干部到军部开会，听朱总司令讲话。

人到齐后，董振堂宣布开会，请朱总司令讲话。一阵热烈的掌声之后，朱总司令向大家微微点了点头，用亲切而缓慢的语调问候大家："同志们，我早就想来看看大家，和大家谈谈了。同志们都好吧？"

问候之后，他告诉大家："现在党中央、毛主席已经北上，取得了很大的胜利，这是一条正确的路线……"

同志们望着朱总司令坚定沉着的神色，听着他那明白透彻的话语，心情逐渐开朗起来，脸上露出了欣慰的笑容。

朱总司令最后说道："在大是大非问题上，我们必须坚持原则，毫不含糊。但是，在兄弟部队之间，在一些具体问题上，就不要斤斤计较。同志们一定要顾全大局，讲革命，讲团结，无论如何不能扩大矛盾，不能盲动。红军和红军冲突起来，那意味着对革命犯罪！破坏团结的只是个别人，他们正巴不得咱们内部打起来呢。我们千万不要上个别人的当。一、四方面军都是党领导的工农红军，是亲密的阶级兄弟。毛主席说，团结就是力量。你们第5军能攻善守，有许多优点，但也有缺点，你们人少嘛。光有你们也不行，要大家团结起来，共同奋斗，革命才能胜利。”

朱总司令讲完之后，董振堂站起来说：“请总司令放心！我们一定坚持原则，冷静、理智地处理问题，决不感情用事，决不辜负党和毛主席对我们的期望！”

第5军不得不随左路军继续南下。

一天，正在行军的路上发现一个掉队的同志。保卫局长欧阳毅过去一看，原来是在曾在欢庆红五军团成立大会上表演过节目的红军艺术家胡底。

“胡底，你怎么掉队了？”欧阳毅关切地问。

胡底坐在那里，把掉队的经过讲了一遍。胡底同志是大革命时期中央情报“三杰”之一，原在国家保卫局当预审科科长，一、四方面军会师后，被调到左路军总部当侦察科科长。他对张国焘分裂红军、擅自调部队南下的做法非常不满。阿坝会议后，张国焘恶意中伤毛主席、党中央和中央红军，他更是气愤万分。一次，他因为误吃了有毒的蘑菇，发烧说胡话，把郁积在心中的不满都发泄了出来，说“张国焘是军阀”“张国焘是法西斯”等。这些话被张国焘派在他身边的指导员听到后，向张国焘报告了。张国焘就借故把他的马和公务员都没收了。胡底恳求道：“把我留在你们5军吧！”

欧阳毅当然愿意把这个反对张国焘的战友保护起来，便立刻去请示董振堂军长。

“好，就留在你们保卫局吧！”董振堂思忖了一下，又说：“你最好去请示一下朱总司令，把他调到5军来。”

欧阳毅找到朱总司令和刘伯承参谋长，把情况汇报后，提了两条要求：一、把胡底调5军保卫局工作；二、希望总部给胡底调配一匹马。

朱总司令操着浓重的四川口音说：“哎呀，欧阳毅同志啊，马，我们实在没有啊！”欧阳毅这才想起，前些日子，连朱总司令唯一的坐骑，也差点被张国焘抢走。这事儿总司令确实难办。

刘伯承同志说：“把胡底同志留在你们那里，这是保护干部的一个办法。欧阳毅同志，你看着办吧！”

朱总司令也肯定地点了点头。

几天之后，忽然传来消息，张国焘派人到5军保卫局搜查胡底来了！大家立刻赶到保卫局。但是，为时已晚，胡底已经被带走了。

随后不久，胡底便被张国焘下令秘密杀害了。董振堂为此痛心不已。

南下以后，张国焘带着四方面军的主力，翻过夹金山，来到天全、芦山一带“开辟川康根据地”。第5军被留在后方丹巴县担任警戒，以对付康定方向的敌人。

张国焘为了加强对第5军的控制，精心策划了对5军的所谓“改造”。先是提出要调欧阳毅离开5军。董振堂说：“欧阳毅同志对我们保卫局的工作熟悉，这里离不开他。”后来张国焘又两次要调欧阳毅，都被董振堂顶了回去。

不几天，张国焘又硬是把5军代理政委曾日山调走了，派来黄超任5军政委。黄超原是张国焘的秘书，既不会指挥打仗，又不会做政治工作。很显然，张国焘派他来是为了更好地控制5军。

果然，黄超到任不久，趁欧阳毅生病住院之机，把他调离保卫局长的岗位。随后，黄超又按张国焘的旨意，把第5军的39团和四方面军的一个团对调，同时，命令5军的37团离开丹巴，进驻到丹巴东南130多里的牦牛村，去扼守一座名叫大炮山的荒凉雪山。这样，董振堂手下的老干部，以及仅有的两个团全部被调走，董振堂完全被架空。

1936年春天，张国焘的所谓“创造川康根据地”的南下方针完全失败了。四方面军在天全、芦山、雅安地区，受到国民党军薛岳、周浑元、杨森、邓锡侯等多路部队的围攻。仗越打越大，部队损失惨重，由南下时的8万余人，锐减到4万余人，最后被迫撤向道孚、甘孜、炉霍一带。事实证明，南下是绝路。

7月初，任弼时、贺龙、关向应等领导的红二、红六军团，转战千里，历尽艰辛，来到甘孜地区，与红四方面军胜利会师。会师后，红二、红六军团与一方面军第32军组成二方面军。这时同张国焘斗争的力量大大增强了。朱总司令和刘伯承、任弼时、贺龙、关向应等领导同志坚持党中央、毛主席的正确路线，同张国焘进行了坚决的斗争。四方面军广大指战员也纷纷要求北上抗日，迫使张国焘同意北上与中央会合。于是，二、四方面军各部陆续北上，董振堂率领的第 5 军，第三次踏上了过草地的艰难历程。

1936 年 10 月，红一、红二、红四方面军在会宁和将台堡地区胜利会师了。此时，第 5 军作为四方面军的后卫，在会宁南面的西兰公路上警戒尾追的敌人。

国民党西北“剿匪”军第三纵队司令毛炳文带着 9 个团的兵力紧跟了上来。董振堂命令第 5 军在马家营子至华家岭之间，用运动防御的方法，坚决阻击敌人，以掩护主力部队的会合和休整。

战斗中，37 团参谋长中弹阵亡，副军长罗南辉在指挥作战时，被敌机扔下的炸弹击中，光荣牺牲！董振堂听到这个不幸的消息，心里很十分难过。他沉默了一阵说：“他们都是很好的同志，他们的血不会白流！长征一开始，我们就一直担任后卫，越到最后的时刻，越要保持和发扬红五军团英勇顽强的战斗作风！”他带领部队奋勇还击，击退了数倍于我的敌人。

从抓获的俘虏口中得知：敌人还以为这些才从草地出来的红军，早已精疲力竭，会像刚过完冬的乏羊，不堪一击呢。他们根本没想到，红军走出草地，仍然是一只猛虎！

誓与高台共存亡

1936 年 10 月 25 日，根据中革军委命令，红四方面军第 30 军渡过黄河；随后，红四方面军第 9 军和方面军总部及第 5 军也渡过黄河，准备执行宁夏战役计划。渡河后，部队称西路军，并组成以陈昌浩为首的西路军军政委员会，统一指挥渡河西进的第 5、第 9 和第 30 军。

同年 12 月，西路军占据永昌、山丹之后，第 5 军调任前卫进驻山丹。为了对付马步芳和马步青的骑兵，第 5 军临时组成一个骑兵团，吕仁礼任团长。董振堂军长亲自抓新组建骑兵团的训练工作。

一天傍晚，他把吕仁礼叫去，询问骑兵团的训练情况。吕仁礼汇报时讲到，训练时有一个战士不小心从马上掉下来摔伤了。

董振堂听后，心疼地说："咱们的战士从中央苏区出来，跑了这么多路，一定要好好爱护，不要摔坏，要慢慢来。骑上马以后，开始不敢叫跑，要先慢慢地走圈，马要拉屎撒尿，人也要在马上适应一下……"

董振堂耐心的讲述，让吕仁礼既惊奇又佩服。

说完，董振堂留下吕仁礼一起吃晚饭。这时，吕仁礼才注意到，军长的卧室竟然那样简单，小房子里，除了一张铺板之外，别的什么也没有；他本人的穿戴也是那样普通，除了他随身不离的那支盒子枪之外，再也看不出与普通士兵有什么不同的地方。一会儿，警卫员把饭端来了，是清水煮挂面，这大概是军长招待客人的特殊伙食吧，两个人都吃得很香。

从山丹出发时，董振堂和骑兵团一起行军。他带着警卫班和司号长走在前面，吕仁礼带着

300多名骑兵紧跟在他的后面。开始，他不上马。大家也学他的样子牵马步行。走了五六里路，他把马肚带紧了紧，然后上马。大家也学他的样子，紧了紧马肚带，骑到马上。战马踏着碎步，走了十来里路，出汗了，他又下马步行起来。他告诉吕仁礼说："这样可以保护马的战斗力。"

12月30日，红5军攻占临泽县城，城内守敌仓皇出逃。董振堂率39团、45团、骑兵团的两个连和特务团4个连，共计3000多人，一举攻占了相距50多公里远的高台县城。政委黄超带37团、43团1000余人和西路军直属队约1000人留驻临泽附近，全军仅有的一部无线电台也留在黄超手里。

高台守敌，除一个骑兵加强连闻风而逃外，民团1000余人全部被俘，各种武器弹药都被缴获，伪县长和伪县政府的所有人员也被生擒。

进占高台后，董振堂立刻领导大家宣传党的政策，发动群众，斗争恶霸，军民情绪十分高涨。大街小巷的墙上贴满了"打倒日本帝国主义！""打倒马步芳！""各族人民联合起来共同抗日！”等各种标语。后勤工作人员忙着发动全城妇女，组织缝纫商店，赶制棉衣。当时，他们不但要解决5军大部分人员的冬衣，还要给9军、30军准备一部分。为了征集布匹和棉花，他们召开了城里所有商业户和有钱户的座谈会，宣传红军的政策，动员他们出钱支援红军，对小商店的布匹则是按价购买。

政治工作人员发动群众，在文庙广场上召开斗争大会。会上，逮捕了大恶霸王天佑、卢怀植和国民党县党部书记王兆德。董振堂发表了热情的讲话，号召群众起来闹革命，求解放。

会后，开仓给群众分粮分物。红军又帮助人民群众组织抗日人民政府，选举当地人许青年任抗日人民政府主席。在东西两个街上，建立了市镇政府，选出城内居民李仙担任东市长，夏登云担任西市长，还组织了100多户贫民参加的贫民协会。

与此同时，红军还积极组织民兵，建立抗日武装。第5军进占高台时俘虏的1000多名民团团丁，除个别地痞流氓外，绝大多数是贫苦农民出身。红军给他们宣传抗日救国的道理，经过教育后，有近千人接受改编，加入了红军。此外，红军又号召和组织青壮年，临时组成了约有一个团兵力的抗日义勇军，由当地人席斋担任司令员。

正当高台人民欢欣鼓舞，庆祝翻身胜利、组织自己的政权和武装的时候，敌马彪、马禄、韩起功等率5个骑兵旅，两个步兵旅及炮兵团、民团等2万余人，包围了高台县城，切断了董振堂与临泽地区黄超政委和所部的联系，并以一部分兵力钳制倪家营地区的红军主力。

为了对付敌人的进攻，董振堂立刻动员全城军民，加强城防。大家把木箱和木柜抬到城墙上，填上土后，泼水冻结，把城墙加宽加高，又把木棍、石块、碎砖烂瓦等凡是能用来打击敌人的东西，集中到城墙上面。红军还组织城内所有的铁匠昼夜不停地锻造大刀长矛，以补充武器弹药的不足。董振堂把城内划分为若干防区，分别派兵固守。

元月5日开始，敌人不断向城内射击，形势一天比一天紧张起来。董振堂要把这里的情况向西路军总部汇报，但因唯一的一部电台被黄超政委留在了临泽，没办法只好派人化装出城前去汇报情况，却始终没见到送信的人回来，也没等到总部的任何消息。

从元月 12 日起，马匪军纠集 8 倍于守城红军的兵力，接连不断地向高台城发起大规模的进攻。敌人先是用大炮拼命轰击城墙，然后抬着云梯，挥着马刀，向城墙拥来。红军坚守在城墙上，一次又一次把敌人击退。

城西 500 米处有一碉堡，由 39 团一个排坚守。每天从早上 8 点到下午 4 点，敌人接连不断地向碉堡进攻。守堡战士在城内部队的支援下，打退了敌人的无数次冲锋，并进行多次反击，打死打伤敌人 1000 余人，缴获敌人一部分武器弹药。坚守一周后，敌人纵火烧着了碉堡，守碉堡的战士 27 人在烈火中仍坚持抗击敌人，直到全部壮烈牺牲！

接着，敌人又向守卫东关碉堡的 45 团一个连进攻。这个碉堡距城墙较近，又比城墙高，可以控制全城。敌人不惜兵力，在炮火的掩护下，接连不断地向碉堡猛攻，虽伤亡无数，但仍进攻不止。最后，终因敌众我寡，东碉堡也失守了。

东、西两翼的碉堡失守后，部队守城就更加困难了。董振堂转遍了城墙各处，命令部队进一步加强城防工事。高台城墙是个大土围子，高不到两丈，上部又窄，刚能走开两人，城垛只有单人射击孔，很难组织火力，又不易隐蔽。守城红军在人力和弹药方面都遭受了很大的损失，形势越来越严峻。如果死守下去，只能全军覆没。

董振堂深知处境的严峻性。于是命令骑兵团团长吕仁礼："根据目前情况，东西两个碉堡被敌控制，城里活动困难。你组织部队立即在北城墙挖一大洞，准备突围，和临泽部队会合，伺机破敌。"

城北是一片荒草地，离北山不远，敌人力量薄弱，突围出去可以保存力量。吕仁礼非常理解军长的意图，便迅速带领一个连，在城北大佛寺后面的城墙下，昼夜不停地挖了一个宽 3 米、高 2 米的大洞，只在城墙外侧留下了薄薄的一层，捅个小窟窿眼，可以看到外面的动静。突围时，一脚就可以踢开，2 匹马或者 3 个人可以并排通过。一切准备就绪，只等董振堂下达突围的命令。

正在这时，守城的一个连长气喘吁吁地跑来，给董振堂送来绑在手榴弹上的一封信。董振堂把信打开一看，神色陡然变得十分愤怒。原来这是黄超以西路军总部名义写的一封亲笔信，派人化装成敌人，趁天黑混进正在攻城的敌人当中，摸到城根下，用马尾毛将信捆在手榴弹上，扔上城头，被守城的战士发现后捡了回来。

信的大意是：高台是打通国际交通线的重要据点，总部命令一定坚守，如高台有失，就要你军长的头。董振堂看完之后，把那封信捏在手里，双腿像钉在地上一样，站了好大一会儿，才铁青着脸，愤愤地朝天主教堂走去。他立即在东城的天主教堂里召开了营以上干部会议，宣读了黄超的来信，并命令大家："坚决守住高台！我们人在高台在，誓与高台共存亡！"董振堂语气沉重，态度严肃而坚定。

元月 18 日，敌人把西关外民宅院落的墙壁全部打通了，又一次大规模地向守城红军发起进攻，但仍被守城红军击退，未能进城。

敌人的兵力不断增加，攻势越来越猛，红军

将士多数已血洒疆场。城内被敌人的炮火打得浓烟四起，城墙像锯齿似的残破不堪。机关人员、女战士、炊事员、马夫全都上了城墙，用大刀、长矛、石块与敌人拼杀，轻伤员用手抓牙咬，重伤员抱住敌人一起滚下城墙……城内的百姓也赶来助战，许多青年人冒着枪林弹雨，奋勇抢救伤员，一些妇女把热水热饭送上了城墙。

老百姓感动地说："红军真是铁人的模样菩萨的心啊！自古以来就没见过这样的硬汉子！"

19日上午，形势更加危急，董振堂带领50多个干部战士，举起拳头，庄严地向党宣誓："我们要流尽最后一滴血，战斗到底！为革命牺牲是光荣的。革命一定能成功，自由幸福的日子一定能够到来！"

他的声音威严而坚定，坚毅的脸上，滚动着泪珠，其他同志也都热泪盈眶，他们都已下定了为革命献身的决心！

1937年1月20日凌晨，敌人倾其全力，再次冲上城墙。守城战士前仆后继，浴血奋战，用最后仅有的手榴弹和石头瓦块，和敌人进行殊死的争夺和厮杀。正在紧张搏斗的时刻，收编民团中的几个坏分子叛变，乘乱打开城门，敌人像疯狗一样拥进城内，冲上城墙。董振堂左腿中弹，从东门以北的城墙上摔了下来，敌人围了上来，他半跪在地上用双手举枪向敌人射击……直到子弹打完，最后血洒高台，壮烈牺牲！

06 尾　声

董振堂牺牲的噩耗传来，红军将士无不为之悲痛！毛泽东主席和许多中央领导同志都参加了在延安宝塔山下为董振堂和西路军诸烈士召开的追悼会。毛泽东深情地讲道："董振堂是个好同志，是一个坚决革命的同志……路遥知马力，日久见人心，我们的革命队伍就是需要这样的同志……"

1937年12月14日，毛泽东又在延安亲自主持了宁都起义六周年纪念大会，并题词"以宁都起义的精神用于反对日本帝国主义，我们是战无不胜的"。

新中国成立后，党和人民为表彰董振堂烈士的伟大功绩，分别在石家庄和高台修建了董振堂和红5军烈士陵园，陵园中立起了"董振堂同志纪念碑"，朱德总司令和徐向前元帅分别为烈士题词。

朱德总司令的题词:“伟大的革命先驱者的事迹和英名，将永远留在人民的记忆里。”

徐向前元帅的题词:“振堂、海松、厚发、启华、义斋及西路军牺牲的诸烈士们: 你们为中华民族的解放和劳动人民的利益，坚韧不拔自我牺牲的精神和英雄气概是我军无上的光荣。”

1958 年，根据周恩来总理的指示，国家民政部把董振堂的夫人贾明玉接到北京，安排她住进疗养院。老人家不愿给国家添负担，坚决不住疗养院。国家每月给她发 60 元的抚恤金，让老人享受公费医疗，还在北京展览馆路分给了两套房子，并由总政治部负责照顾，颐养天年。逢年过节，刘伯承、叶剑英等领导人和解放军总政治部、民政部经常派人前去看望。1983 年，贾明玉在北京病故，享年 89 岁。

1962 年建军节前夕，叶剑英元帅为董振堂题词:

英雄战死错路上，

今日独怀董振堂。

悬眼城楼惊世换，

高台为你著荣光。

1979年8月，曾任红五军团第15师政委的萧华上将，来到高台吊唁董振堂及西路军烈士，回忆起当年的战友和兄长，不禁涕泪沾襟，写道：

肃立高台悼忠魂，犹闻宁都号炮声。

击案愤起千城将，振国英雄拭云锋。

战死错路志未酬，留取碧血化红旗。

七天七夜一步书，悲壮千古泪沾襟。

2006年，董振堂事迹陈列馆在河北省邢台市新河县振堂公园内落成，陈列馆南广场矗立着董振堂的铜像。这里被列入河北省爱国主义的教育基地、河北省党史教育基地，已成为党员入党、团员入团和各界干部职工、学校师生、驻地部队官兵接受爱国主义教育的场所，每逢重大节日和董振堂纪念日，前来瞻仰的人们络绎不绝。

2009年，董振堂入选“100位为新中国成立作出突出贡献的英雄模范人物”。

丰碑巍巍入云霄，精神熠熠万古青。董振堂短暂的一生，是战斗的一生、无私奉献的一生，也是不断追求真理、修正人生坐标的一生。他面对个人的荣辱得失，面对时代的腥风血雨，面对“左”倾路线造成的党内纷争，始终坚定革命信念不动摇、革命意志不涣散、奋斗精神不懈怠，始终以革命利益为重，对党忠诚、坚持原则、顾全大局，在生死大义面前舍生取义，表现出了一个共产党人视死如归的高贵品质和忠于党忠于人民的博大情怀。董振堂光辉战斗的一生及他的革命精神，是中华民族的宝贵精神财富，永远值得我们敬仰和学习。

后记

翻开中国革命的历史画卷，寻访革命先烈的峥嵘岁月，一颗颗耀眼的星辰呈现在我们的面前。董振堂是一颗早早陨落的将星，他为寻求救国救民的道路，从 18 岁起走出家乡，足迹遍及大半个中国。在祖国大好河山遭受日寇践踏之时，他放下个人的荣辱沉浮，果断组织和领导宁都起义，成就了我国现代武装革命斗争史上一次震惊中外的伟大壮举。在中国共产党的领导下，他率部同国民党的多次“围剿”进行坚决的斗争，屡建奇功。在艰苦的长征路上，三过草地，甘当“铁后卫”，出色地完成保卫党中央、保卫主力红军的任务。当面对数倍于己的敌人时，率领 3000 多名将士血洒高台，用自己的行动和生命践行了对党和人民的无限忠诚。

董振堂已离开我们 80 多年，但他的精神是永恒的！随着时代的发展，我们更加怀念他！敬仰他！为使他的事迹和精神得到更加广泛的传颂，我们需要不断地书写他！

本书是在前人研究的基础上，从董振堂平凡而伟大的一生中遴选最典型和最具代表性的英雄事迹，结合中国革命发展历程和英雄烈士的人生经历，在充分尊重史实的基础上编写完成的。力求用生动感人的英雄故事，弘扬他所展现出来的伟大的革命精神。在编写过程中，得到了军事科学院军队政治工作研究院领导和机关的大力支持；赵一平、邓礼峰、张明金、康月田、李博、陈政举、潘宏等专家进行了审读，提出宝贵的意见。

主要参考的书籍和资料有：《董振堂》（董汉河著/甘肃人民出版社），《解放军将领传·董振堂》（李直、陈增发著/解放军出版社），《董振堂》（新河县党史研究室编委会编著），《董振堂》（于元著/吉林文史出版社）等。

在此，谨向关心和提供帮助的各位领导、专家学者，以及上述参考书目的作者、编辑致以最诚挚的谢意！

图书在版编目（CIP）数据

董振堂 / 军事科学院解放军党史军史研究中心编著. --北京：学习出版社，2020.9（2021.5重印）
（中华先烈人物故事汇）
ISBN 978-7-5147-1001-4

Ⅰ.①董…　Ⅱ.①军…　Ⅲ.①董振堂（1895-1937）—传记　Ⅳ.①K825.2

中国版本图书馆CIP数据核字（2020）第149841号

董振堂
DONG ZHENTANG
军事科学院解放军党史军史研究中心

责任编辑：张　俊　李　琳　封面绘画：刘书移
技术编辑：周嫒卿　朱宝娟　内文插图：韩新维
美术编辑：杨　洪

出版发行：学习出版社
北京市东城区崇外大街11号新成文化大厦B座11层
（100062）
010-66063020　010-66061634　010-66061646
网　　址：http://www.xuexiph.cn
经　　销：新华书店
印　　刷：北京市密东印刷有限公司

开　　本：787毫米×1092毫米　1/32
印　　张：5.875
字　　数：83千字
版次印次：2020年9月第1版　2021年5月第2次印刷

书　　号：ISBN 978-7-5147-1001-4
定　　价：22.00元
